Hidden Persuasion
33 Psychological Influence Techniques in Advertising

隐性说服力

广告中的33种心理影响技术

【德】Marc Andrews，【荷】Matthijs van Leeuwen，【荷】Rick van Baaren 著

宋一辰 译

中国轻工业出版社

图书在版编目（CIP）数据

隐性说服力：广告中的33种心理影响技术／（德）马克·安德鲁斯（Marc Adnrews），（荷）马泰斯·范·莱文（Matthijs van leeuwen）等著；宋一辰译．—北京：中国轻工业出版社，2018.2

ISBN 978-7-5184-1761-2

Ⅰ.①隐… Ⅱ.①马… ②马… ③宋… Ⅲ.①广告心理学 Ⅳ.①F713.80

中国版本图书馆CIP数据核字（2017）第309970号

版权声明

Copyright © 2013
Marc Andrews, Dr. van Leeuwen, Prof. Dr. van Baaren and BIS Publishers

总 策 划：石　铁
策划编辑：孙蔚雯　　　　　责任终审：杜文勇
责任编辑：孙蔚雯　　　　　责任监印：刘志颖

出版发行：中国轻工业出版社（北京东长安街6号，邮编：100740）
印　　刷：三河市双升印务有限公司
经　　销：各地新华书店
版　　次：2018年2月第1版第1次印刷
开　　本：710×1000　1/16　印张：12.00
字　　数：80千字
书　　号：ISBN 978-7-5184-1761-2　定价：60.00元
读者服务部邮购热线电话：010-65125990，65262933　传真：010-65181109
发行电话：010-85119832　传真：010-85113593
网　　址：http://www.wqedu.com
电子信箱：1012305542@qq.com
如发现图书残缺请直接与我社读者服务部（邮购）联系调换
170631Y2X101ZYW

献给你

亲爱的消费者

译　者　序

某天，我忽然发现，我那退休多年的老妈正坐在沙发上，捧着这本《隐性说服力》的英文原作津津有味地读着……

我奇怪地问："你怎么在看这个？"

妈说："好看啊！"

我大惊："你看得懂英文？"

妈白了我一眼："有图还看不懂？不就是讲广告的吗？"

接着，她兴致勃勃地指着几个广告图让我详细解释。待后来我刚译完初稿，她就立刻要过去一口气读完了。

这也许就是《隐性说服力》的魅力所在——不但让所有人都能读懂，而且让所有人都爱读。它本身就具有强烈的隐性说服力。

说服，属于社会心理学的经典研究领域，是一种通过各种信息让他人的态度或行为做出改变的影响过程。说服可谓心理学研究中与实际生活关系最密切的主题之一，它符合人们对心理技术应用实践的想象。许多人甚至就是因有感于心理影响技术的神奇魅力，而对心理学产生了兴趣。广告则是一种最常见的说服形式，自从广告诞生那天起，就是为了说服别人做出改变而存在的。可以说，如果想阐述说服技术的实际应用，广告是最好的样例。然而，要把这二者结合起来，深入浅出地讲给读者，并不容易。教科书介绍说服，往往只有干巴巴的几组理论，若干实验，学了如同屠龙之技，无用武之地。生活中的广告，则常常会莫名其妙地就把人说服了。消费者摸不着思路，想抵抗，又不知商家用了什么迷魂药；想模仿，又看不清里面的门道。《隐性说服力》正是为这二者搭建了桥梁。

本书作为一部短小精悍的科普作品，博采众家之长，以广告为载体，将说服理论与应用完美结合。形式上，33种技术整齐明了，如工具书一般，几乎涵盖了说服领域的各类研究，便于查阅；内容上，本书图文并茂，将最经典的说服技术详细讲解，令读者学能致用，知其然且知其所以然；语言上，本书行文浅显易懂，风趣幽默，三位作者在书中对诸多大品牌进行了诙谐而不失友好的点评，甚至对自己的长相也捎带着调侃了一把（参见"信赖技术"一章），令人会心一笑的同时，也引发深思。

无论读者是对广告感兴趣，还是对说服、心理学感兴趣，抑或是仅仅对阅读感兴趣，《隐性说服力》都不会令人失望。这本书能提升人的愉悦感，扩大知识面，甚至在某种程度上改变世界观。

受"万千心理"的孙蔚雯编辑邀请，我有幸翻译此书。书中的广告图片琳琅满目，讲评内容引人入胜，初读时我就十分喜爱，翻译的过程更是一种享受。本书的内容和思路并不复杂，翻译难点在于语言。三位作者使用了丰富的俚语、双关、比喻等，全书散发着一股轻松俏皮的气息，这正是原作的优势所在。如何向中国读者传递这种美好的阅读体验，如何令中国读者感受到作者的机智与学识，是一个挑战。我的思路是，对于俗语、比喻之类，在贴近原意的基础上，尽量选择汉语中近似的表达；对于名言、宣传语一类，若有通用译法则采用之；对于英语语言文化中的特有现象，汉语无法直译的，就以译者注的方式解释说明；对于那些实在找不到对应的汉语成句的，便采用直译。至于整体语言风格，在翻译初期，由于我太在意一词一句的精确性，导致语言略显严肃，随着翻译工作的进行，我被作者欢乐洒脱的文风感染，渐入佳境，语言也变得轻快起来。我想，这大概才是《隐性说服力》应有的氛围吧。正因为有这样前后风格的变化，完稿后虽几经修改，开头部分仍略显拘谨，我感到有些遗憾，这一点只能和读者说声抱歉。论幽默感和旷达的态度，我还要向作者学习太多。

本书得以顺利完成，要感谢"万千心理"的信任和编辑的支持。另外，在翻译过程中，我的好友厦门大学的李化博士对书中涉及化学的部分给予了指导。我的同事华北电力大学的赵谦老师为涉及小语种的部分提供了资源。我的家人阎力芳女士和胡斌先生作为首批读者，提出了建设性的反馈意见。在此一并对他们表示感谢。

宋一辰

2017年12月

前 言

  日常生活中，广告无处不在。我们时时刻刻暴露在各种各样说服性的视觉信息里，每天接触到的恐怕有成百上千。通常，这些信息都试图在某些方面说服我们，让我们去感受它们，相信它们，然后行动，去购买它们的产品，最终在某种程度上改变我们自身。这些视觉信息会在任何时间以任何一种形式传递给我们，可以在私人领域也可以在公共场合，可以通过实体也可以通过网络，简直是无孔不入。幸运的是，由于人类自身认知资源的限制，在正常意识状态下，即便是专门付出努力，我们也加工不了这么多的信息，这使我们得以免受信息过剩的烦扰。不过，在如此浩瀚的信息汪洋之中，仍然有一些经过精心设计的视觉信息脱颖而出，成功地影响了我们的态度和行为。并且，这些影响大部分发生在潜意识层面。是什么让它们具有如此强大的隐性说服力呢？

  为什么我们会受到影响去购买某一种产品，而不买另外一种？是什么激发了我们对未来的绸缪，要以可持续发展的态度去做事和生活？我们是如何被说服并最终决定采取更健康的生活方式的？

  本书对各类广告的分析绝不仅限于广告图片本身的说服力。我们还考察了潜藏在广告视觉和审美维度背后的技术和概念。本书将从心理学视角来解析广告的精髓，破译影响我们日常决策的潜意识密码。

基于说服与服从领域的最新研究，本书介绍了33种心理影响技术。这些技术种类多样，有简洁明朗的基本款，也有更为隐蔽狡猾的花式款，可谓应有尽有。我们详细描述了那些影响人类决策、行为和信念的潜在过程与技术。通过阅读本书，读者将会深刻地理解，视觉手段是如何在潜意识层面对人类产生影响的。

关于社会影响的研究，最初是从辩论、服从、一对一销售等领域发展起来的。目前，在社会影响领域，已有许多不同类型的技术可以激发人类的渴望感。我们从这座秘密花园里精心挑选出了其中的代表性技术，你将看到它们是如何成为一则成功广告的灵魂支柱的。

本书是第一本全面介绍心理影响技术在广告中的应用的出版物，其中包含了大量的示例和图片。我们选择了一些商业或公益广告，在视觉上尽量直观地佐证书中提到的各项技术，帮助读者理解抽象的概念是如何应用到视觉信息传达的实践当中的。

我们将本书设计为一本方便易用又紧随潮流的参考书，帮助读者学会创造和理解用视觉图像进行说服的过程，让说服技术对有需之人能够浅显易懂、唾手可得。

无论你是传媒从业人员、艺术导演、设计师、市场营销人员、商业人士、经理人、交易人、学生，或者仅仅就是一名和我们一样的普通消费者，读完本书之后，当你再看到一则广告时，将会发现自己的视角有所不同。归根结底，我们每个人都是说服者，每个人也都是被说服的对象。

读过本书就好比开了天眼，你将会一眼看穿商业的鬼把戏。我们保证，你肯定能行！

三大需求

本书中提到的所有技术，都基于人类最基本的三种需求。正是因为我们具有这样的需求，所以才能够被合适的信息隐性地说服。广告人利用图像和语言击中了人类的这三大需求，面对这样具有强大说服力的广告信息，观众很难不为所动，全身而退。

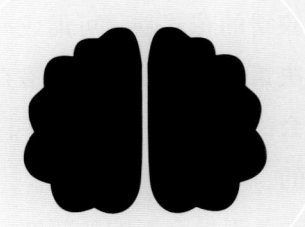

1. 系统需求

我们人类的认知系统由最简单的单细胞结构一步一步进化，慢慢发展为今天复杂的大脑结构，这让我们得以进行理性分析、语言沟通和自我反省。可是，大脑并不总在进行复杂分析，有时，大脑喜欢走捷径。面对刺激时，它会使我们做出一些根深蒂固的本能反应，这由不得我们控制。就好比，当面对猛兽时，我们会立刻做出"战斗—逃跑"反应，这不需要太多思考。许多广告的目标都是如此，不给你深思熟虑的机会，直接把信息塞给你，让你产生无意识的自动化加工。这是三大需求中最基本的需求，也是最难控制的需求。

2. 社会需求

人是社会性动物；我们都希望获得朋友，甚至是陌生人的爱戴与尊敬。要知道，在漫长的人类进化史上，被群体排除在外意味着将某个个体置于巨大的危险之中。这种对社会排斥的恐惧至今仍根植于现代人心中。面对某个刺激时，我们的反应常常会受到他人的左右。他人的观点、行为和表现能够强烈地影响我们的思维、动机和行为。在这个要求严苛、信息泛滥的世界，即便我们坚信自己是独立自由的个体，仍然免不了参照他人的做法来指导自己的行为。这种倾向性甚至比以往更加强烈。正因如此，广告人只需发掘我们融入社会和与他人保持一致的需求，剩下的事就简单多了。

3. 自我需求

第三种需求往往是我们自以为最重要的需求，即个人需求。我们想要逃避痛苦，追求快乐；我们希望拥有健康的身体、美味的食物、稳定的收入以及生活的安全感（最重要）。理智上，我们总是希望做出最优的选择，塑造出未来更好的自己，并确保自己远离各类伤害（生理的和心理的）。许多广告都利用了这个需求，它们应用各种技术，极力营造出一种安全、满足、无忧的幻象，让你觉得，只要相信它们，你的未来即会如此。

如何使用本书

这本书读起来很自由,你可以老老实实地从头读到尾,也可以跳着读你最感兴趣的技术,还可以随意翻看各种有趣的广告和相关的解释说明,想怎么读就怎么读。阅读没有一定之规,只要沉浸其中,享受阅读的快乐,你就会发现书中处处有惊喜!不过,为了让你更快进入状态,还是先简单介绍一下本书的结构和相关信息吧。

技术的名称和编号

图标

提示你该技术涉及三大需求(系统、社会、自我)中的哪些需求。

17
草根营销技术
花钱买水军,也能让你看起来一呼百应

草根营销(astroturfing)的英文来源于 astroturf 一词,本指的是球场上的人造草皮。后来引申出的草根营销技术指的是,广告商创造一种假象,让你觉得许多和你一样的人都支持某个观点,或者都去购买某某个产品。该技术在现实中的应用远比你想象得广泛,所有的商人都知道,你的言行举止太容易受到别人影响了,你买东西之前总喜欢先看看别人都干了些啥。

有些专家估计,我们现在能看到的各种用户评价,大约有 1/3 都是假的,可能就是花钱刷来的。最近有一款叫作"角色管理(persona management)"的软件,专门用来生成几可乱真的个人信息员,这让我们更难判断坐在网络那端的到底是不是个真人。如今,精明的公司大多会在亚马逊(Amazon)之类的网络购物平台上刷出许多好评。在脸书网和推特网(Twitter)上,也有很多人会花钱给自己买"赞",买粉丝,来营造虚假的社会形象。

草根营销还有其他一些方面的例子。比如,有些人会花钱删掉网上对自己不利的评论或帖子,或者花钱删改维基百科(Wikipedia)上的信息。再比如,网上经常有一些产品的测评帖,看起来就像普通消费者自己写的,其实可能是商家在背后支持的。还有,一些患者支持组织或者医生会推荐某些药物,他们很有可能是有医药公司的赞助。

普通消费者很难识别网上的种种信息到底是真实的,还是草根营销的结果。不过,一旦消费者发现你搞草根营销,你

正文

详细解释这项技术的内容;介绍这项技术适合在什么情况下使用以及为什么;应用这项技术时的注意事项,应该做什么,不能做什么,怎么能更好地发挥作用,等等。涉及的参考文献附在书后。我们还列出了一些与此相关的其他书目,包括心理学、社会影响、传播学、设计、视觉修饰、广告学等领域,都非常有趣,并能给人以启发。

俏皮话

简单告诉你这项技术是干什么的。

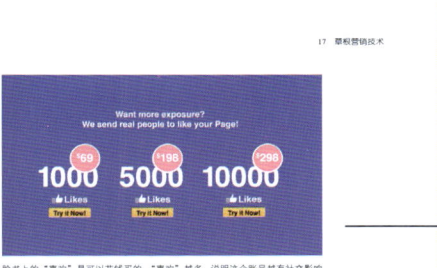

相关概念

列出一些与该项技术相关的概念,方便你在网上做进一步检索。

总结评价

对该技术的重点部分做总结,并给出一些建议。

广告和示例

我们使用了来自各个国家和地区的广告,来佐证书中提到的各项技术,将抽象的理论性概念以直观具体的视觉样例展示出来。需要注意的是,任何一种说服技术,本身就属于宣传策略的一部分,并不局限于单个视觉广告。当然,一项技术在广告中是否容易被识别,或者某项技术是否对广告宣传真正有效,在不同条件下情况千差万别。我们永远不可能知道一项潜在影响技术在多大程度上构架出了某条广告;我们只能展示给你,这条广告确实用到了这项技术。书中的广告图片都搭配了详细描述,用以解释某项技术的使用。其中有一部分图片并非真实的广告,而是我们自编的示例。所有图片来源均附在书后。

说服因素

书中的每项技术均由专家评定,在三个维度上进行打分:"**有效性**""**其他因素**"和"**易用性**"。**有效性**是指,一项技术在多大程度上能够影响目标受众。该指标体现了某项技术的潜力,表明了它能达到理想说服效果的可能性。**其他因素**指的是一项技术独有的某些值得注意的特征。换句话说,就是这项技术有多酷:它有多新颖?从科学角度来看它有多有趣?它发挥效果时有多迷人?等等。**易用性**指的是,一项科学技术是否容易被应用于广告实践当中。有些技术非常有趣,却很少被使用,或者只能在特定的条件下使用。而另外一些技术没什么限制,几乎可以在任何类型的广告中轻松应用。对这三个维度的评价是有根据的,但总体来说是依靠主观评分。评分从1颗星(低)到5颗星(高)。

IX

目 录

01 承认拒绝技术／2

02 流畅技术／8

03 登门槛技术／16

04 应许之地技术／20

05 自我说服技术／24

06 角色转换技术／28

07 社会认同技术／34

08 担保技术／40

09 吸引力技术／46

10 幽默技术／50

11 稀缺技术／56

12 瞬时吸引技术／60

13 诱饵技术／64

14 "这不是全部"技术／70

15 纯粹接触技术／74

16 锚定技术／78

17 草根营销技术／86

18 拟人技术／88

19　信赖技术 / 94

20　破坏与重构技术 / 98

21　比喻技术 / 104

22　执行意向技术 / 110

23　互惠技术 / 114

24　妙词技术 / 118

25　涉性技术 / 124

26　权威技术 / 128

27　损益技术 / 132

28　近因和首因技术 / 138

29　恐惧诉求技术 / 142

30　曲笔技术 / 146

31　投射技术 / 150

32　留面子技术 / 154

33　阈下技术 / 158

作者简介 / 164

参考文献 / 166

图片来源 / 171

推荐阅读 / 175

人的意识

就像一座冰山，

只有七分之一的体积

浮在水面上。

西格蒙德·弗洛伊德（Sigmund Freud），精神分析创始人

01
承认拒绝技术

想要不被拒绝，就先承认拒绝的存在

当你想要让别人做什么事或买什么东西时，可能会遭到拒绝，这是说服过程中最大的问题。所以，大多数人在说服别人的过程中会极力避免提到那些负面的信息，免得对方注意到不好的方面，进而做出拒绝的回答。不过，一项研究发现，在说服过程中，如果承认对方可能会拒绝我们的提议，或者向对方强调他们可以自由做任何选择，反而会让对方消除疑虑，增加对我们的好感，并做出服从行为。这类方法最棒的一点就是，你无须再使用其他说服手段，也不必提供额外的信息，直接就可以完成说服过程。它的做法很简单，只需先说一句"我知道你不同意，但是……"然后说出你的提议；或者先说完你的提议，再在后面加上一句"但是你可以接受也可以拒绝。"这两种方法都利用了人类不喜欢被别人影响的本能倾向，不过还是有一些细微差别的。

承认拒绝（acknowledging resistance，简称AR）技术有一个使用条件，那就是在提出要求之前就知晓对方将会反对。这就好比，你要是打算增加税率或者提升服务费，就该预料到人们肯定不赞成。该项技术对于拒绝的处理方法就是，仅仅承认拒绝的存在。这样做，不仅避免了对方跟你讨价还价的可能（如果直接提出要求，对方可能会说："但是我不想啊！"），还能表现出你对对方想法的深切理解。注意，承认拒绝必须发生在你提出要求之前。有时，该技术还可以用于激发逆反心理：告诉对方他们不想要什么，反而让他们觉得他们想要的

01　承认拒绝技术

汉斯布林克经济酒店,再也不能更烂了。

但我们会尽量做到最好。

汉斯布林克经济酒店（Hans Brinker Budget Hotel）承认自己的"经济"在于各种东西都很廉价，而非试图掩饰这些不足。广告显示，酒店中没有奢华的装修，只有最基本的用品（上图），并且没有额外的服务（下页）。在这一系列的广告中，汉斯布林克经济酒店使用了承认拒绝的技巧，并且伴随着一点幽默和惊喜。最重要的信息——"但是我们酒店价格便宜"——反而没有被特别强调，而是留给了观众，只要观众看懂了这条广告，自然就能领会这个信息。*

* 这一系列广告里的每张图中都有一句宣传语，其译文分别置于相应图下。——译者注

现在，每间客房里都有床！

现在，每间客房都装了门！

01 承认拒绝技术

现在，客人可以拥有免费的房间钥匙！

抱歉，如果你受到打扰，千万别惊讶。　　　　　　抱歉，如果你想投诉，我们也不会理你。

就是这个。

"但你有权选择（but you are free，简称 BYAF）"是一项新鲜出炉的技术。该技术是在 2000 年由 Guegguen 和 Pascal 最先提出的。2013 年，他们用一篇综述总结了近年的 42 项研究，证明了该技术的有效性。根据这篇综述介绍，如果在提出一项要求之后，向对方强调他们有选择的权利，那么对方服从的概率是直接提出要求的 2 倍。承认拒绝技术有效的前提是假设说服对象一开始的回答将会是"不"，而"但你有权选择"技术则对说服对象的初始态度不做任何预设。后者注重的是营造一种自由的氛围，强调对方有说"不"的权利。正因如此，"但你有权选择"技术的用途更广泛一些，引发的阻抗也更小。

其实具体哪个技术叫什么名字并不重要，读者没必要纠结这一点，只要在说服时先承认拒绝或者强调对方有选择的自由即可。再次强调，这两种技术之所以能够起作用，就是因为强调了说服对象说"不"的自主权，这会显得你很尊重说服对象的选择。这两种技术都在面对面的说服过程中效果更好，至少，你得保证说服对象不能是匿名的。这是因为，人在匿名的时候就不太注意自我表现了，就可以没什么负担地拒绝别人。所以，说服者最好能够当场看到被说服对象的反应。这类技术的主要优势在于，它们对你所提议的内容没什么要求，所以比较易于使用。只要在提议之前或之后加上简单的一句话，对方服从的概率就会显著上升。

总结评价

- 对于某项提议，若人们觉得在道德上应该接受，而实际上他们并不想接受甚至想回避，那么使用本技术进行说服会特别有效（比如，向人们宣传要进行安全性行为或募捐）。
- "但你有权选择"技术几乎适用于任何条件的说服请求。承认拒绝和"但你有权选择"这两种技术都可以和其他心理影响技术结合使用。
- 当说服对象不匿名时，本技术可以发挥最大效力。

有效性
★★★★★

其他因素
★★★★★

易用性
★★★★★

相关概念

逆反心理（reverse psychology）

透明度（transparency）

02
流畅技术
信息的体验要如丝般顺滑

许多人认为，使用生僻字或复杂的语句能显得他们很有水平。然而事实正相反，那只会让你看起来不怎么样。这并不是因为人类能够敏锐地觉察出谁在装模作样，而仅仅是由于人脑不喜欢加工复杂的信息。所以，要简单粗暴！

如果一则信息读起来很流畅，理解起来很自如，就会促使人们产生积极的体验。无论是视觉信息、文本信息还是概念信息，皆是如此。文本读起来越快，图片看起来越一目了然，概念越容易懂，我们就越容易喜欢它们。因此，选择合适的名称、字体、数字或图标，可以让一则信息的说服效果大不相同。

命名

一个产品的名字好不好读，决定了消费者在寻找该产品时是何种体验，可能感到安全，也可能感到威胁；可能觉得无聊，也可能觉得兴奋。在一项研究中，研究者给人们呈现了两种食品添加剂：一种叫罗沙酸镁铝，另一种叫檗橼喹啉唑。结果发现，人们认为后者更危险①。了解了这一点，你就可以利用该效应做一些事情。比如，研究者发现，给主题公园的娱乐设施命名时，如果起一个比较拗口的印度风格的名字（比如"齐依兹

---

① 原文中，两种添加剂名称分别为 Magnalroxate 和 Hnegripitrom，这两个名称都是研究者虚构的，并不存在这样的添加剂。二者的区别在于，前者可以根据英文的发音规则读出，后者不容易读出来。为了方便中文读者理解，译者根据原意虚构了罗沙酸镁铝和檗橼喹啉唑这两个名称。——译者注

希利"），人们就会觉得该设施比较恐怖，不太安全，会不那么喜欢。而若起一个好读的正常名字（比如"常塔"），情况就会好很多。因此，如果你希望你售卖的产品让人们产生安全感和熟悉感，请给它起个流畅好读的名字。反过来，如果你希望你的产品看起来又刺激又奢华，那就叫它"瑞尔提克斯特拉克斯"吧！

编号

产品的编号方式也可以增加流畅感。你可能已经注意到，许多知名品牌都将数字融入了它们的产品线中。比如，尼康（Nikon）D40、D50，宝马（BMW）1系、3系、5系，等等。这些数字不仅能将不同的产品区分开，而且如果编号得当，还能增加用户对产品的偏好度。比如，对一个虚构产品，如果给它起名为"Zinc 24"，就会比仅仅叫"Zinc"讨人喜欢得多。

但是，为什么是24而不是23？研究人员做了一系列有趣的实验，来探索究竟什么样的数字受到的评价更积极。研究表明，广告中包含熟悉的数字（所以认知加工过程就更流畅），会增加人们对产品本身的积极评价。另外，研究还发现，如果这个带编号的产品能在做广告的时候再呈现两个数字，用户对它的评价会更高。比如，研究人员让用户在V8蔬菜汁和金宝汤（Campbell's soup）之间做选择。呈现给一组用户的广告语是："补充全天所需4种维生素和2种矿物质，只需每天一瓶V8蔬菜汁。"另外一组的广告语是："补充全天所需维生素和矿物质，只需每天一瓶V8蔬菜汁。"结果发现，当广告语中包含数字2和4时，选择V8蔬菜汁的用户更多。8是一个我们非常熟悉的数字，它是可除的，而且可以被分解为$2×4=8$，这使得我们加工这条信息的过程变得更为流畅。这样，对数字2和4无意识的运算操作，帮助我们顺利地加工出数字8。研究人员指

这幅图就是一组非常容易被大脑识别加工的数字组合。我们对这几个数字非常熟悉,而且它们都是偶数。另外,8是4的2倍,从0到4和从4到8的差值又是相等的,使得这三个数字彼此呼应,互相加强。

出,这个效应只对简单乘法有效,因为只有足够简单,大部分人才能够轻而易举地心算完成,从而快速地识别它们。

字体

对于一段特定的文本,用什么样的字体会影响到阅读的难易程度。一般来讲,一种字体越不好认,我们就越不喜欢它。比如,一项研究发现,对于同样一道练习题,如果用比较难认的字体来进行题目描述,被试预估的做题时间会比原本增加一倍,而且他们会认为这道题更难。当然,这种效应同样可以为我们所用。如果你在菜单上用比较难认的字体写上"日式春卷",人们就会认为这道菜做起来比较复杂(也就是更上档次)。不过,除非你真的是超级棒的米其林大厨或者你卖的是特别先进的电子产品,否则你最好不要把字体搞成鬼画符[①]。

[①] 原文提到的是"wing dings"字体,这是一种将字母渲染成各种符号的字体。——译者注

02　流畅技术

这是一组利用低流畅度（认知加工困难）进行信息传播的优秀案例。一般来讲，爵士乐会给人一种高端复杂又颇具想象力的感觉，本来也没打算让所有人都懂，这组广告正是如此。另外，广告中使用文字的主要目的并不是为了传递许多信息，而是旨在营造氛围。*

* 这组图片是葡萄牙吉马良斯（Guimaraes）文化中心举办的爵士音乐节的海报，漂浮扭曲的文字内容为乐队、时间等演出信息。——译者注

现在，请回答一个问题："摩西带上方舟的动物每种各有几只？"大部分人都会回答"两只"，尽管他们都知道，摩西根本没有方舟①。但是，如果把这个问题用比较难认的字体写出来，能够发现题中陷阱的人数比例从17%上升到了41%。这就是说，在特定的情况下，降低文本的流畅度会让人们在阅读时受阻，反而促使人们对内容进行更多的分析加工。因此，如果你希望读者仔细考虑某项信息，并且你确信读者会停下来仔细阅读，那么降低流畅度是个不错的选择。

流畅效应不止在知觉水平发挥作用，对想象过程也有影响。如果一项活动能被我们轻而易举地想象出来，我们就会

① 出自《圣经》中的故事。上帝要毁灭天下，命诺亚建造方舟，保存物种。摩西也是《圣经》中的人物，但造方舟带动物的是诺亚，并非摩西。这段故事在西方国家属于人尽皆知的常识。——译者注

11

更喜欢它,并且在之后更愿意将它付诸实践。在同样条件下,给人们分别展示两个场景,一个场景很容易让人们想象自己身在其中(比如,以第一人称视角看一片海滩),另一个则不太容易(比如,同样一片海滩的航拍画面),结果发现,看过前一个场景的人们更愿意去那个海滩旅游。还有更令人惊奇的呢!研究发现,如果你让用户想象使用某种产品的积极体验,那么用户之后对该产品的评价确实会变得更积极。当然,这个产品必须能让人产生细致生动的想象才行。如果能够将相互支持的两张图片结合起来,会使想象过程变得更流畅。比

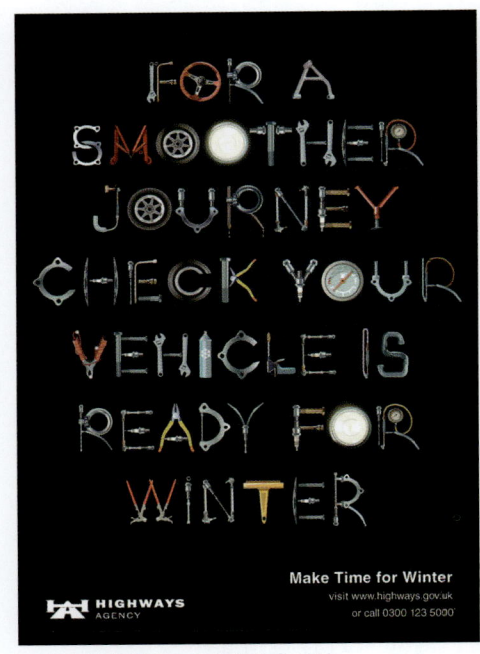

入冬车辆先保养,开车出行更顺畅。

掌握最新路况天气,争做英国明智司机。

创新性地利用交通相关材料制作字体,传递信息,可以引发人们的好奇,并提高注意力。不过,像这样把图片和文字过度结合在一起,往往会导致阅读困难,人们加工信息的速度就会变慢。在时间有限的情况下,对于不够流畅的信息,人们读到一半可能就不读了。*

* 这是一组英国公路局发布的提醒人们为冬季做准备的广告。——译者注

带上应急箱，出门更安心。

如，在呈现锁的图片之前先呈现一张钥匙的图片，被试会报告这个锁看起来更好看。总之，一段文本或图片的内容本身很重要，但让人们把这些内容识别出来并装进脑袋里的容易程度同样重要。

综上所述，当人们能够快速并带有启发性地处理信息时，流畅加工的效率最高。换句话说，如果你的信息不需要人们特别花精力才能识别，或者你希望人们保持注意的外围加工模式，那么流畅对你就有好处。而如果你希望人们停下来，仔细考虑你的信息，你就可以增加一个生僻字，或者放一张令人诧异的图片。不过你要知道，在大多数情况下，读者并没有那么多的注意力和时间来仔细考虑你放出来的信息。所以，对于广告人来说，熟悉和流畅的信息通常是最安全的选择。

总结一下，人们对于难易的体验非常敏感，却意识不到这种体验如何影响了他们。人们总是把自己对事物的评价归结于看到的文字或图片信息（他们相信，自己是基于信息的内容做出选择的），然而他们并不知道，如果一则信息能让他们毫不费力地识别出来，自然能引发他们的积极体验。

总结评价

☞ 一条信息应当是清楚、简洁、令人舒适的。任何流畅的加工过程都会引发人们积极的体验，进而会将这种积极的体验转移到消息来源本身。

☞ 尽量避免呈现结构复杂的信息，观众看到这样的信息会感觉消息发布者不够聪明，也会觉得消息没那么吸引人。

☞ 如果一个产品或消息是比较复杂高端的，可以通过使用难认的字体或令人迷惑的图片来降低信息的流畅度。

☞ 如果你希望人们更仔细地阅读一条信息，可以采用比较难认的字体（注意：这样做很可能导致人们直接忽视整条信息）。

有效性
★★★★★

其他因素
★★★★★

易用性
★★★★★

相关概念

提取容易性（ease of retrieval）

认知框架（framing）

情绪温差（hot-cold empathy gap）

调节匹配理论（regulatory fit）

03
登门槛技术

先提一个小请求，就为后面的大请求铺平了道路

想象一下，假设有个人请求你为敬老院志愿工作捐一点点钱，你同意了。1周以后，这个人又来了，问你是否愿意抽出1小时，去当地的敬老院看看那些老人，结果你可能又同意了。这个例子就是登门槛技术（foot-in-the-door technique，简称FITD）的成功运用。

登门槛技术是一种多步骤的影响策略。首先，你向别人提出一个很小的请求。过一小段时间，你再对他们提出一个更大的请求，这个请求必须和前一个小请求相关。结果发现，相比直接提出大请求，前面有一个小请求做铺垫会显著提升人们服从大请求的概率。

登门槛技术背后的心理机制仍有待讨论，最有可能的是若干心理过程在其中共同起作用。其中一种可能的解释是自我知觉理论，该理论认为，我们会像观察别人一样观察自己的行为（同意捐钱），并且根据已做出的行为来调整自己的态度（既然捐了，我就必须得觉得这件事是重要的、高尚的、好的……）。正因为你的态度改变了，下一个请求若与此相关，就很好地匹配了你刚刚调整过的新态度。还有一些解释是围绕承诺和一致性进行的。这类假说认为，你已经在公开场合对第一个请求进行了肯定，而第二个请求和第一个请求是出于同一理由，若你不同意第二个，就意味着你前后不一致，你这个人不可靠。你当然不希望给人这种印象。特别是当前后两次请求是同一人提出的时候，这种效应尤为强烈，因为那

03　登门槛技术

目前，智能手机广泛采用应用内购买的模式，这是登门槛技术的新体现。在首次下载时，许多应用并不直接全额收费，而是标明自己是"免费"的。可是，在之后的使用中，它可能不断鼓励你去购买额外的高级功能。该策略在游戏应用中最为有效：手游的下载门槛非常低，等人们在这个手游上花费了大量的时间和努力，就很容易愿意花钱获取更多体验。注意，如果所谓的"免费"只是个幌子，等人们下载并打开应用之后立刻需要付费，这就是登门槛技术的另外一种形式，叫作低球技术（见本章结尾处的相关概念）。*

* 图中手机屏上展示的应用就是本书，有评分和下载数。横线下的内容是："前五章可以免费阅读，其他内容可在应用内付费阅读。"最下端的方形按钮上写着"免费"。——译者注

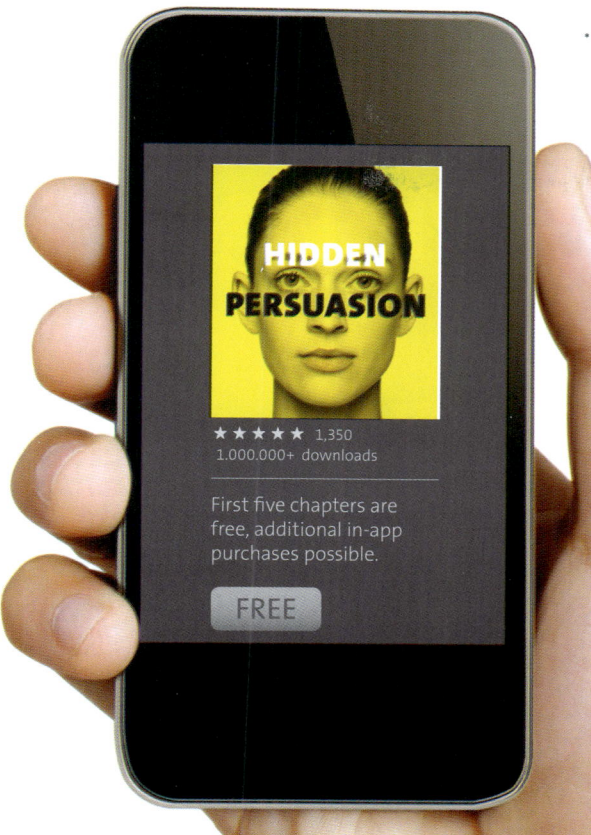

个人清楚地知道你最开始可是同意了的。

登门槛效应目前已进行了广泛的实验室研究，并被大量地应用于实际生活领域。它是当今最负盛名的影响技术之一，只要做法正确，用它进行说服的成功率相当高。在其他条件相同的情况下，如果能做到以下几点，登门槛技术将发挥出最佳效果：

- 第一个请求需要对方付出某种程度的努力，最好是做出一项实际的行为，而非简单答应一句"好的"。

研究人员在社区里随机挑选了一些住户，上门请求他们在家里的玻璃上贴一张宣传安全驾驶的贴纸。这是一个非常小的要求，几乎所有人都同意了。过了一段时间，研究人员再次来到社区，挨家挨户上门请求所有住户在自家院子里竖一个宣传安全驾驶的标志牌，这个标志牌非常大，而且相当丑陋。结果发现，在那些曾经被请求过贴贴纸的住户中，有 76% 的人同意在院子里竖标志牌；而在没有接触过贴纸请求的住户中，只有 17% 的人同意了。*

* 圆形贴纸和方形标志牌上的内容一样，均为："低速驾驶，安全驾驶。"——译者注

- 对方执行了第一个请求之后，最好能够得到赞扬、认可或奖励。
- 后续更大的请求明显与第一个小请求相关，最好是在同一系列里有递进性。

尽管在使用得当时，登门槛技术能够发挥强力效果，但其中仍然有几个方面可能降低说服力。首先，该技术可能会引发对方的阻抗。想一想，如果同一个人连续跑来找你两次，你可能会觉得这个人有点偏执，对你有些冒犯，从而引发一些不好的情绪反应。其次，要设计第一个请求，条件是很苛刻的，这个请求既不能太大，也不能太小。它至少要让对方做出一个行为，又不能太难办而招致对方的直接拒绝。所以很显然，只有在第一个小请求被对方接受的情况下，登门槛技术才会非常有用。

总结评价

☞ 一次性提出一个大请求，通常会被拒绝；可是如果先提出一个相关联的小请求，就会大大增加后续大请求的成功率。

☞ 第一个请求既不能太小（需要对方的亲身参与），也不能太大。

有效性
★★★★★

其他因素
★★★★★

易用性
★★★★★

相关概念

合理化陷阱（rationalisation trap）

诱饵推销法（bait-and-switch）

富兰克林效应（Ben Franklin effect）

低球技术（low-ball technique）

04
应许之地技术

买下这个产品，你就能跟我来到应许之地

在正常情况下，消费者购买某种产品，是因为这种产品能够满足他们的基本需求（比如，饿了想填饱肚子，脏了想清理干净）。可有时，一个只能满足基本需求的产品却会向你许诺，买下它，你就能满足一些原本和这个产品不相关的其他需求（社交、情感、性）。应许之地①技术就是这样一种说服方式，它引诱你购买某个产品，因为它让你相信，这个产品能帮助你达到某个理想的目标——尽管这个目标有时并不真实。

许多影响技术都建立在具体实际、诚实坦白的基础上，来说服消费者购买产品，而应许之地技术与此正相反。该技术最直接的目的就是在目标受众的头脑中建立起最强有力的奖赏反应。尽管那些许诺可能过分夸大，甚至明显就是谎言，但它们直接击中了我们内心最强烈的渴求，这让我们面对引诱时根本无法拒绝。该技术至少可以通过以下两种方式起作用：

1. 人们希望这个夸张的许诺是真实的。当我们使用像艾科（Axe）香氛②这样的男性产品时，尽管我们知道，自己大概吸引不来一群性感的模特，可我们还是会说服自己，若能把自己喷得香香的，至少会让那些漂亮的女士们多看我们一眼（见下页的广告图）。

---

① 应许之地（promised land）出自《圣经》中的故事。由于亚伯拉罕虔敬上帝，上帝与之立约，应许给亚伯拉罕及其子孙"流奶与蜜之地"。可以引申为乐土，福地。——译者注

② 艾科在中国叫作凌仕（Lynx）。——译者注

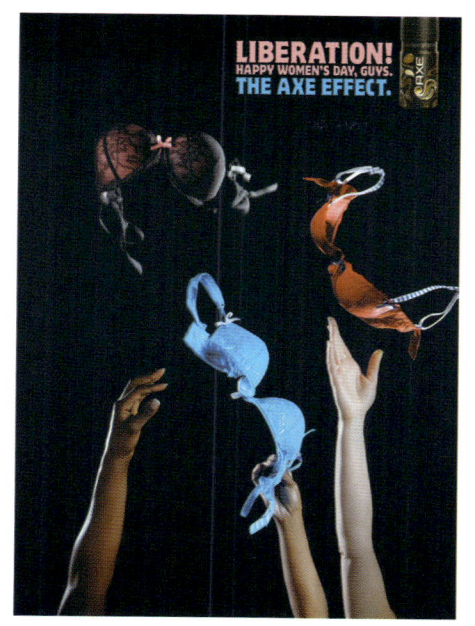

艾科的许多广告在本质上都使用了引诱策略。比如这张海报顶部的宣传语，半明半昧，引人遐想。但是，这样夸张的表述是以一种幽默自嘲的方式出现的，这就降低了阻抗，让人们更乐意接受。另外，我们在本心上其实都希望这样的幻想成真，于是被艾科的产品所吸引。就这样，我们有意无意地将广告与自己的浪漫体验结合起来了。*

* 图片顶部宣传语的内容为：解放啦！伙计们，女人节快乐。这就是艾科的力量。——译者注

2. 如果把品牌产品放在一些引人入胜却并不真实的场景里，则会让消费者将自己的梦想与渴望同这个特定的品牌联系起来。比如，当一个男青年来到酒吧，对他来说漂亮的女孩就是一种驱动力，他的脑海里也可能对此有一些期待和幻想。当他这么想的时候，与性相关的酒精广告就会出现在他的脑海里，这是因为，酒精和性能够紧密联结的印象在之前就已经形成了。

应许之地看起来像是一种授权性的承诺，它会提供给你正确的工具和获得成功的力量。它并不是一个真实意义上的授权（"你买了这个产品就绝对会成功"），更多的是提升你的自信（"现在的我比以前更有自信——哪怕只是更多一点点自信——能够吸引那些漂亮的女士"）。以类似这样的承诺作为切入点，有一个非常直白的例子，就是耐克（Nike）的经典广告语——"放胆做（Just do it）"。该广告语暗示你，你会成功的。

它让你在某种程度上相信，穿上耐克鞋，你就会是一个更好的运动员，耐克可以帮助你达到你的运动目标。

应许之地技术的应用范围非常广泛（香水、汽车、运动、洗涤，等等）。该技术最有趣的一点是，我们明明知道它所许诺的事实并不是真的（至少不全是真的），但我们都希望它是真的。于是，在情感上，我们感觉被激励、被鼓舞，从而被它吸引。广告生来就是为了吸引公众的注意力，诱惑人们乖乖掏钱的。应许之地技术就是广告的一个缩影。

04　应许之地技术

这一系列广告暗示人们，有一种气味会让异性为之疯狂，忘却周围的世界，只想要你。尽管在广告里没有直接写出，但它们用了直白夸张的手法来强调，激素在自然界中能起到多么大的作用。许多物种（所以你相信人类可能也是这样）都会发出一些气味，来激活大脑中的"生殖冲动"。这可能正是艾科大获成功的原因之一，因为你总会想：万一这是真的呢？*

* 广告图右上角的信息是介绍艾科的一款名为"混乱（Anarchy）"的香水，包含男用款和女用款，广告词为"释放混乱"。——译者注

总结评价

☞ 应许之地可以让人们受到鼓舞，尽管他们明知这个许诺是夸张的或者不真实的。

☞ 即便是那些无法实现的愿景和渴求，对人的行为来说也具有强大的驱动力。

有效性
★★★★★

其他因素
★★★★★

易用性
★★★★★

相关概念

心理授权（empowerment）

认知框架（framing）

心理传输（psychological transportation）

05
自我说服技术
要说服你做出改变，没人比你自己更擅长

一个人被他人影响的时候，是会产生阻抗的，这便是说服过程需要克服的最大困难。特别是，如果我们想要说服一个人做出行为上的巨大改变，困难就更大了。比如，如果你想劝人戒烟、捐款、去儿童医院做志愿服务、进行安全性行为等，这类说服过程的难度显然和说服人们别喝可乐，改喝胡椒博士（Dr. Pepper）来解渴的难度不可同日而语，二者所使用的技术也大不相同。后者可以通过一些比较隐晦的影响技术，不动声色地把用户行为推向一个理想的方向；前者则不同，想要让一个人的行为发生有效且持久的改变，是广告人甚至是整个社会所面临的最大难题之一。没人喜欢在别人的指导下过日子，人们都希望生活是掌控在自己手里的，希望生命的重大决策是由自己做出的。

从这种自由选择的角度出发，学者们扩展了社会影响领域的研究，他们发现，如果能让被试觉得某个影响过程是他们自发产生的，那么他们内心的阻抗几乎能够消失得无影无踪。对于某个行动，如果人们觉得是他们自己为之提供了一套说辞，他们就会更相信这套说辞，并且更愿意执行这项行动。人类的主要驱力之一就是维持（至少看起来是）外在一致性。所以，有什么信念，后续就可能跟着什么样的行为。一致性需求可以被这样使用：如果你要求人们为某个立场发声（比如，支持加税），即便人们本来不支持这个立场，但发声之后，他们则可能会更多地同意这个立场。这就是反态度辩护（counterattitudinal advocacy）技术。

大量研究表明，针对任何给定的题目做出高质量的辩护，都可以让被试将自己成功说服，这证明了自我说服技术的有效性。以其中一则关于说服戒烟的研究为例。研究人员将烟民分为两组，对一组要求他们自己写出几条吸烟有害的理由，对另一组直接给他们呈献一些吸烟有害的强有力的理由。实验结束后，在无人干涉的情况下，烟民们可能会点上一支烟。结果发现，第一组事后点烟的人数只有第二组的一半。研究人员据此又重复了一次实验，这次，他们不要求烟民写出吸烟有害的理由，而是仅仅给烟民呈现一个问题："吸烟为什么有害？"结果和之前的研究相同，仅仅提出这个问题，就可以让烟民在心中形成反对吸烟的思考，最终影响行为。类似的还有关于助人行为的研究，实验结果显示，当使用了自我说服技

如果某人认真阅读了这则广告，就可能开始琢磨不吸烟的理由。无论他想出什么样的理由，都不会导致他对这则信息本身产生反感。（谁会自己跟自己吵架呢？）如果在广告中直接给出一些理由，人们看到它的第一反应就会是对其进行评价或者挑错。可如果是自己说出理由来，人们一般不太容易评价自己，或者给自己挑错。当然，最大的挑战仍然是你得确保看到广告的人确实花时间来想理由了。另外，广告顶部写着"来自戒烟成功者的建议"。这句话用得妙，既表达出了相似性（吸烟者不喜欢听不吸烟的人在那里瞎说，但是戒烟成功者就是曾经的吸烟者，他们算是吸烟群体中的一员），又激发了观众的自我效能感（别人跟我有什么不同，他们能戒，我也能戒）。*

* 广告中的内容为："来自戒烟成功者的建议。戒烟有很多理由，找出你的理由。对于同性恋群体来说，吸烟造成的死亡威胁比美国人的平均水平高70%。想获得免费援助，请拨打电话。"——译者注

术之后（比如，写出帮助他人的两个好处），被试的助人行为增加了90%。与此对应的是把助人有好处的理由直接呈现给被试，结果发现，最好的实验成绩也仅仅是增加了60%的助人行为，这还是在提供了高达10条高质量的理由的情况下。

自我说服技术在某种程度上来讲可谓说服研究领域的金钥匙。第一，在该技术中，目标人群是被自己说服的，这就让说服者大大节省了力气。第二，当说服的理由内化为自我信念时（比如，我是一个苹果产品的忠实使用者），目标人群几乎不会产生反感或阻抗，行为的变化也更持久、更牢固。当然，使用该技术所面临的最大挑战就是要想好把别人放在什么样的立场上，才能使他们更好地自发产生说服的理由。仅仅把信息以问题的形式抛给目标人群是不够的；要想让人们自己想出理由，需要合适的动机、能力以及一定的时间。所以，除非你的问题特别清晰明了、易于思考，否则你最好还是让目标人群把他们想到的理由写下来，或者口头报告出来。

总结评价

有效性
★★★★★

其他因素
★★★★★

易用性
★★★☆☆

- ☞ 如果让人们公开表达他们所想到的辩护理由，比如要求他们录像，或者要求他们把理由写下来，那么自我说服的效果会有显著提升。
- ☞ 若要自我说服技术起作用，必须让人们觉得，辩护理由是他们自己想出的。如果外界压力过大（比如，强迫人们想出理由，或者给别人很多钱要求他们想理由），人们会觉得所有的理由都是因为外界因素才不得不做出的，这会导致他们更加阻抗。
- ☞ 自我说服和执行意向有紧密的联系。
- ☞ 对于自我说服技术来讲，少即是多：让人想出2条理由比想出10条理由效果要好。

05　自我说服技术

上面这组宣传海报采用了引导性的自我说服技术,这样一来,海报中的问题就变成了一个选择题。如果海报中没有配图,那么人们可以想出任何答案。但配图提供了两个明显的选项:"患病"和"健康生活"。面对这样的刺激,只要是个正常人,就会选择"健康生活"。接下来的说服步骤就顺理成章了,只需提问:"在生命的最后十年,我应该如何保持健康?"答案就写在小字里:"从现在起,改变你的未来。"这暗示你可以联系心脏病和中风基金会了解进一步的做法。其实这组海报的最下面应该再加上一些呼吁,比如号召人们从现在开始注意改变自己的生活习惯,比如为健康事业募捐,再比如让人们访问相关的网站了解健康行为的具体做法,等等。但不管怎么说,这都是一则构架精巧的广告。*

* 两张广告图中的文字是相同的。你想怎样度过生命中的最后十年?对于一名普通的加拿大人来说,生命中的最后十年都是在病痛中度过的。所以,现在你可以行动起来,改变你的未来。让健康长久。"——译者注

相关概念

反态度辩护(counter-attitudinal advocacy)

理由不足效应(insufficient justification)

合理化陷阱(rationalisation trap)

06
角色转换技术

把你打扮成某个角色，你就会忍不住按照这个角色行动坐卧

角色转换技术最简单的用法就是直接告诉别人他们很"好"，然后他们就会相应地做出"好"的行为。比如，你可以这样说："约翰，你是个又聪明又负责的人。我知道，你肯定会努力工作的，你肯定会及时完成这项任务的！"如果约翰希望自己看起来确实又聪明又负责，他就掉入陷阱了，他会因为你的期望而努力像一个"聪明又负责"的人那样做事。

角色转换有两种方式：命令性的和策略性的。命令性的角色转换是指，用口头或书面的方式直接表达意思，将对方置于某个社会位置中，比如，"约翰，作为一个真正的美国人，你应该……"策略性的角色转换则是一种较为隐晦的说服方式，通常是由暗示性的图片来诱导目标对象，让其自发自觉地把自己代入某个角色。比如，在道路安全宣传画中放一个小孩，就可以激发观众的保护欲，人们会将自己代入保护者的角色中，感到自己要为孩子的安全负责。这是一种强有力的社会影响技术，它基于这样的假设：当人们认可自己的某种社会身份时——比如专家、受托人、助人者、保护者、朋友、爱国者，等等——随之而来的就是，人们会为自己的这个身份寻找支持性证据，并会按照社会对该身份的人所期待的那样来做事。

在日常交流中，我们总会大量地应用角色转换技术（命令性的或策略性的）；在视觉媒体中（尤其是在健康或市场营销等内容领域），角色转换也是一个经久不衰的主题。另外，通

硬汉形象是最令人称道的社会角色，许多男人理想中的自我就是这样的。这组广告以狩猎者和冒险者的形象为内容，试图激发人们对男性最经典的印象。为了达成这种形象，为了能和图片中的男人行为一致，看到广告的普通男人们会感到一种刺激，会开始考虑使用广告中推荐的产品。广告图顶端用大字写着"男人的牛奶（LAIT D'HOMME）"，并用幽默夸张的手法反复强调图中的人物是一名猎手。而图底的文字信息则明确指出，想要成为这样一个人人称许的"纯爷们儿"，你应该怎么做——"男士巧克力奶，真男人喝的牛奶！"这就是一条命令性的角色转换技术。如果你是个硬汉，或者你觉得你是个硬汉，你就应该喝这家牌子的巧克力牛奶！其实从传统眼光来看，牛奶并不是一种具有男子气概的产品。这则广告做了一个非常有趣的尝试，偏要将牛奶和硬汉结合起来，这无疑会拓展一个全新的用户群体。

过角色转换，大公司可以把自己包装成保护者的姿态面貌（比如石油公司），一些消费品公司则可以让消费者"自然而然地"将某些品牌内化为自己身份的一部分（比如，苹果产品的用户自称"果粉"）。该技术使用起来非常容易，所以相当受欢迎。你只需要用几个词，或者一张简单的画，就可以让人改变内心，心甘情愿地和你所设立的社会角色跳起双人舞，这一切就跟变戏法似的。再有，使用角色转换技术几乎不会激发人们的阻抗（尤其是策略性角色转换），这是因为人们以自身行为去适应角色要求，这完全是自发的，并不是迫于外界因素。该技术还有一个好处，那就是转换角色的方式多种多样，唯一能限制它的就是人类社会现存的角色数量。当然，人类所拥有的角色种类是无穷无尽的，所以我的意思就是，该技术根本就没有任何限制，尽情发挥吧！

总结评价

- 要让一个人进入某个社会角色，最简单、最有效的方式是用语言说出来（例如，"作为一个专家，你应该……"）；当然，用写出来的方式也可以。这就是命令性角色转换。
- 你可以在一幅图中描绘一个特定的社会角色（比如，画一个正在参加核裁军游行的小宝宝），来激发观众，让他们自然而然地把自己代入相对应的另一方角色（比如，负责任的保护者）当中。这就是策略性角色转换。

有效性
★★★★★

其他因素
★★★★☆

易用性
★★★★☆

相关概念

催眠（hypnosis）

命令性规范（injunctive norms）

角色扮演（role-play）

宝华利（Bavaria）使用了更为隐晦的角色转换形式，也就是策略性角色转换。广告中展示了一位野外生存的冒险者，在成功战胜各种危险之后，美美地喝上一瓶宝华利啤酒。图中并未用明确的语言来强调主人公的社会角色。*

* 广告右下角是宝华利公司从1985年即开始使用的荷兰语宣传语，意为："所以，先来一杯宝华利！"最近该公司已将宣传语改为英语。——译者注

06　角色转换技术

在这组宣传照里，Delas 网站希望女性激发自己的商业能力和领导力。众所周知，长期以来，社会对女性有诸多要求，许多女性挣扎在多重身份角色的冲突之中（成功的商人、尽职的母亲、性感的情人、风趣的朋友，等等）。Delas 试图让女性看到自己的无限可能性，相信自己可以达成任何理想的角色，过上想要的生活。女人们，不要仅仅为了男人而活，激发你体内的小宇宙吧！*

* 这组广告是巴西门户网站 IG.com 女性频道 Delas 的广告，将爱因斯坦、切·格瓦拉、卓别林等名人照片都换成了女性面容。右上角文字大意为："Delas 相信女性拥有巨大潜能。于是 Delas 用创新的视觉方式将这样的理念展示出来。如果你也相信女性，请访问 IG 女性频道 www.ig.com.br/delas."广告正下方的大字意为："为什么不能？"——译者注

07
社会认同技术

人们总忍不住想要照搬别人的决定和行为

当代西方文化极度推崇个人主义。我们相信，自己的行动都是遵从个人意愿的，所做的决定也出于个人需求。然而，人类毕竟是一种社会性动物：无论年龄多大，我们都得依靠群体才能生存，别人的行为能够为我们提供大量的参考信息，帮助我们做出最合适的选择。鉴于人类太过相信我们的命运由自己主宰，结果社会认同反而被当作一种强有力的影响技术，这不能不说是一种讽刺。当然，正因为人类如此自大又固执，一旦面临强大的社会压力，我们一般也没什么抵抗力。

如何将社会认同应用到广告当中呢？你可以仅仅做这样的表述："90% 的 X 都做了 / 购买了 / 更喜欢 Y"。X 是你的目标用户群体，Y 是这个群体表现出的行为，或者他们购买的产品。这便是社会认同技术最常见的一种形式，非常简单，但效果出奇的好，是不是很令人惊讶？如果你准备使用这个"金句"，别忘了在之前或之后加上一些关于具体产品的积极信息。你可能会觉得，这句话看起来也太简单直白了，甚至有点幼稚，可是时间一次次地证明，类似这样的表述拥有强大的生命力，能够强烈地影响消费者的行为。这句话可以稍做改动，比如把具体的百分比替换成"几乎每个人""大部分人"等。这句话还可以用视觉方式呈现，比如展示相关群体做出某个行为或购买某个物品的图片或视频。这样做的好处是让说服过程显得不那么露骨，这比直接给出一条陈述更容易被人接受。尤其是当你正想要了解一个产品的质量时，若能听到其他用户对

07　社会认同技术

一个东西能被越多人认可，就越能招人喜欢。只要有一批人开始喜欢某物，社会认同的影响效果就会呈指数上涨。在网络上也一样，一旦有相当数量的人给一篇文章"点赞"，那么之后喜欢这篇文章并为其点赞的人数就会像滚雪球一样越来越多。*

* 图片下方的文字为："563个人喜欢。"——译者注

该产品大加赞赏，那简直太有说服力了！只要看看各大排行榜就一目了然，那些评分最高的或者得到好评最多的产品，通常都卖得最好。要知道，如今，我们能给脸书网（Facebook）主页买"赞"，能给书籍或餐厅刷好评，这都已经是人尽皆知的"秘密"了，生意人都知道要利用社会认同的巨大力量（见草根营销技术）。所以，如果你是一个服务提供者，一定要尽量清楚地展示出你的顾客满意度信息，这很重要。

如果你的产品得到的好评数低于预期，或者低于你的同类竞争者，社会认同效应就会在你这里起到反作用。另外，一定要注意，无论如何不要突出那些对产品不利的用户行为。比如有时候，政府做宣传的时候喜欢张贴这样的标语："90%的人都做X。不要做X！"在这里，X指一些危险的、不健康的或不被社会认可的行为（比如，盗窃、吸烟、说脏话、酒驾等）。他们试图通过强调错误的行为来引起人们的注意。可研究表明，这样的标语会让人们更容易做出不良行为，因为人

这则广告非常有趣,它将社会认同技术和权威技术(见权威技术)结合起来使用。你看看我们的广告,医生的话总是可信的吧,连医生都这么说了!不然,你难道自认为比 20 679 名医生懂得还多吗?注意,这则广告中所给出的数字精确到了个位。这样,数字看起来就更真实、更可信了。显然,只有让观众相信关于产品的意见是由真实的人群给出的,社会认同效应才会起作用呀!*

* 这是好彩牌(Lucky Strike)香烟的广告,文字内容为:"20 679 名医生都说,好彩香烟不刺激。它是烤制的!吸好彩烟,嗓子不疼不咳嗽。"——译者注

和你相似的人的意见对你来说尤其具有参考性。假设你是猫王(Elvis)的忠实粉丝,面对这样一张 CD(光盘),其他所有猫王粉丝都说好,那还有什么好说的,你肯定会深信不疑。为了打消你的疑虑,这张 CD 的封面上还反反复复印了好多大大小小的猫王,就是为了向你强调:看啊,是猫王哎,不来一张吗?*

* CD 封面的大字意为:"5000 万猫王粉的选择绝不会错!"下面的小字是这张 CD 中包含的曲目名称。——译者注

们会觉得，原来这些行为是很正常的。以上这些内容表明，无论具体的目标是什么，人们做决定的时候总是会看看别人是怎么做的，因为这永远都是最省脑、最有效的方法。

总结评价

- 在特定环境中，如果对于人们应该做什么或不应该做什么没有一个清晰的指向，或者无论做什么选择都可能是正确的，那么社会认同技术会特别管用。
- 人们对于多数人的意见是很敏感的，那些与你相似或亲近的人的意见通常对你影响巨大。
- 年轻人格外容易受到社会认同效应的影响。

有效性
★★★★★

其他因素
★★★★☆

易用性
★★★★☆

相关概念

阿希实验（Asch line length experiments）

游动效应（autokinetic effect）

攀比效应（bandwagon effect）

旁观者效应（bystander effect）

模仿自杀（copycat suicides）

信息阶流（information cascade）

我花在广告上的钱，
有一半是浪费掉的，
问题是我不知道
浪费掉的是哪一半。

约翰·沃纳梅克（John Wanamaker），市场营销先驱

08
担保技术

如果你对本书不满意，我们承诺全额退款！

如果想要推销你正拿在手上的这本书，上面这句俏皮话可谓是最好的宣传语，它能让你确信，购买本书，你绝对是做出了一个正确的选择。不幸的是，这句话其实完全是胡扯。当然，我们还是希望你能在阅读本书的过程中得到乐趣。

担保技术是一种最直观、最容易被理解、最容易打消人们顾虑的说服技术。它暗示消费者，无论你做出什么样的选择，你都不会吃亏。下面我们来详细解释一下这样的"保障条款"为何显得如此重要。无论何时，只要你（消费者）觉得这个产品让你不开心了，你都可以退货并获得全额退款。同样，如果你接受的服务令你不满意，或者得到的建议不够专业，你也可以根据这个条款要求退款。要知道，消费者在购买一件产品的时候，最大的顾虑就是不清楚这个产品到底值不值得买。担保技术就是为消除这些顾虑而出现的。另外，担保技术还暗示了一个产品或一项服务具有相当高的质量；毕竟，如果产品或服务质量不佳，商家又怎么敢信誓旦旦地答应"无效退款"呢？使用担保技术的要义就是，找出对方的顾虑，看看是什么让他们犹豫着不愿做出决定？然后向他们保证，他们担心的问题根本就不是个问题。你看，这是不是很简单？

当然，担保技术是有问题的。最大的问题就是，承诺退款的企业必须随时准备着把吃到嘴里的钱吐出来。如果你大话已经说出去了，却不能真正落实，那你的担保和承诺就成了一句谎言，消费者就会被激怒。所以，聪明的企业绝不会出尔

08　担保技术

这组广告是应用担保技术的经典样例。斯蒂尔（STIHL）的设备享有3年质保期，广告中的文字清晰地传递了这一信息，即在质保期内，买家永远都能使用新机器。我们可以这样来解释这则信息：如果机器用起来没毛病，它就是新的；如果机器用坏了，厂家就把它修得跟新的一样；如果修都修不好，厂家就给你换一台新的。反正不管怎么说，你的机器肯定总是跟刚出厂时一样好用。*

* 斯蒂尔广告图底部文字大意："您的设备总是跟新的一样！ 3年质保。"——译者注

41

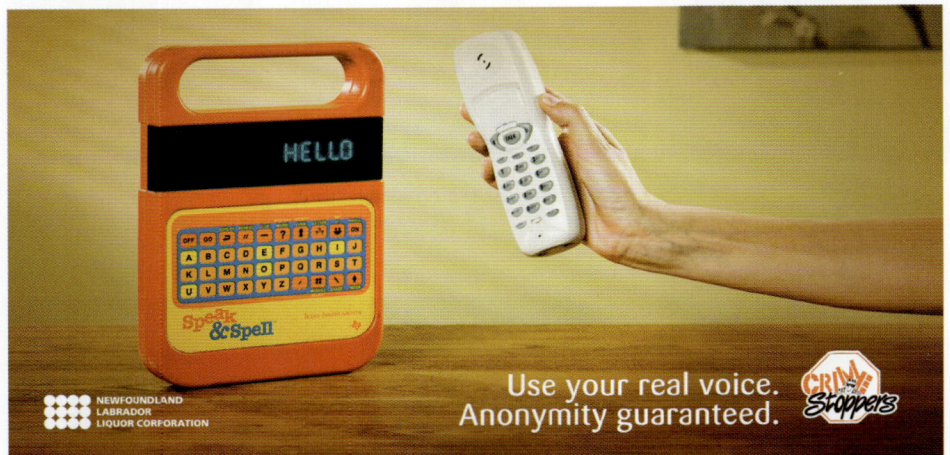

担保技术的应用不仅限于销售产品。只要你想打消人们对某个行动的疑虑，让人们相信你说的是真的，就可以使用担保技术。比如，图中这组灭罪热线的宣传海报是想鼓励人们举报违法犯罪活动。考虑到举报者会害怕因信息泄露而遭到犯罪分子的报复，或者担心被警方问话，从而在举报时畏手畏脚，于是海报通过明确的文字信息对此做了担保。*

* 图中的文字为："勇敢为自己说话。我们保证你是匿名的。""用自己的真声音。我们保证你是匿名的。"——译者注

反尔，而是会给想要退款的消费者增加难度。这样，你还是可以使用担保技术（在理论上，承诺是真的），但是你要确保那些对产品不满意的消费者尽量不要人人都来申请退款。

最经典的案例就是一个木制震动器的广告。广告称，他

们售卖的是全世界最好用的抛光木制震动器,广告语说:"如果连这个震动器你都觉得不好用,世界上就没有什么震动器能满足你了。"广告还称:"一只仅售20欧元!"最诱人的说明还在后头:"使用后如果不满意,我们保证全额退款!"通常,如此夸张的吹嘘配上如此低廉的价格,绝对会令人产生疑惑。可如果有一个全额退款的条款在,那么试一试又有什么关系?如果这个产品和想象的不一样,退货就是了。结果,这个木制振动器的销量一下子冲到几千。然而,当人们收到包裹并满怀期待地打开包装时,却发现里面只有一只短短的木制假阴茎。人们被惹毛了,纷纷寻找全额退款的条款和方法,这才发现,退款政策竟然是这样的:想要把钱拿回来,你必须在包裹正面写上"同性恋俱乐部",反面写上自己家的回邮地址,然后把包裹拿到邮局寄出。不难想象,这样一来,几乎没有人还会申请退款——谁敢抱着这样的包裹直视邮政员的眼睛呢?这就是这家公司的狡猾之处。退款保证是真的,那些按照要求勇于执行的消费者确实把钱拿回来了。但退款的执行难度太大了,大部分的人还是没有申请退款,这家公司由此获得了巨大利润。有趣的是,这家公司后来是因涉嫌虚假广告而被起诉的,人们终究没有起诉他们的退款担保条款!

再举一个担保技术应用的成功案例,当然远没有上面的例子那么用心险恶,那就是沃尔玛(Walmart)的"无忧退换货"政策。根据该政策,消费者在购物后90天内可以无理由退货,并且不需要出示购物小票。这可以说是关于担保技术的教科书式的应用。该政策利用的是人们的懒惰心理。就是说,尽管退货的方式非常简单,但是已经过去那么长时间了,大部分人会懒得再回去折腾了,甚至干脆把这件事忘了。

总结评价

有效性
★★★★★

其他因素
★★★★☆

易用性
★★★☆☆

☞ 担保条款必须是真实可信的,若使用本技术,请确保你的担保条款能够实现。

☞ 消费者对于退换货政策的实现难度是很敏感的。如果销售者仅仅提供一个可以退货的担保条款,注注不足以让消费者信任产品的质量。可如果消费者发现退换货的流程非常简单,就会觉得这一定代表产品质量非常棒!

相关概念

预期后悔(anticipatory regret)

"这是免费的!"偏见("It's free!" bias)

购买后合理化(post-purchase rationalisation)

08　担保技术

这组广告以纯视觉的方式应用了担保技术，每一张图片都在暗示百得（pattex）万能胶的效果是多么持久。不过，这种视觉形式的担保有好有坏。好的方面是，图上一个字也没有，消费者不需要费脑子去品读其中的担保条款。坏的方面是，这样的暗示实在是太隐晦了，可能起不到太好的说服效果。毕竟，你做出的担保越简单、越明确、越有力，别人才会越相信你嘛。

09
吸引力技术

"人们竟然坚信美就是善,这完全是一种错觉。"
——列夫·托尔斯泰(Leo Tolstoy),《克莱采奏鸣曲》

当代社会,人人追求平等。我们会给孩子们讲各种各样的格言俗语,像"外表只是臭皮囊""情人眼里出西施"之类的,我们教育他们,只追求外表的美丽是非常肤浅的行为。然而在实际生活中,尤其是在当代西方社会,铺天盖地的广告、杂志、电影以及各种视觉媒体,都在利用帅哥美女来吸引人们的眼球。结果,人们一边接受着各种"美色"的狂轰滥炸,一边觉得自己不该以貌取人,这真是既矛盾又扭曲。

许多消费者不相信美人在广告中能起多大作用,他们觉得,即便是让帅哥美女们拿着某产品做广告,自己也不会去购买那些产品。不过,研究早已证明,我们不但在意识上更喜欢漂亮的脸蛋,还会不知不觉地将好看的外表和内在的美好品质联系起来,这种联系会直接反映在广告中的产品上(所谓的晕轮效应)。其实,单是看看那些漂亮的脸蛋就足以唤起人们愉悦的体验。这个快速且无意识的"外表—内在"联结过程没法自控,且与广告模特或观察者的性别无关。有意思的是,研究人员还发现,人们在看到美人时的生理反应和看到钱的时候是一样的。所以,美貌真的有用,美貌具有强大的说服力,让人没法忽视,而且回报巨大。另外,很少有哪个说服技术能像吸引力技术这样简单易用又效果超群,因此它会被这样广泛使用也就不足为奇了,就连那些和外表完全没关系的产品,在做广告的时候也会去找一个美人。

09　吸引力技术

有这样一个发现比较出人意料，一张各方面都非常平常的脸并不会让人觉得平常，反而会很吸引人。事实上，最"平常"的脸就是最漂亮的脸，这就是所谓的"平均脸"。比如这张图，下部的一男一女头像，就是将上面所有的头像综合起来得到的平均脸。

漂亮的身型非常重要，但脸常常是人际互动中第一眼看到的目标，所以在人体各个部分当中，面部对一个人吸引力的贡献值最大。有一种民间流行的误解认为，长得好看的人看起来会比较傲慢，显得不太聪明，有人甚至会认为越好看的人越没脑子。这样的误解来源于对"好看"的错误认识。请注意，所谓好看的、能让人产生积极感受的面孔具有严格的生理指标定义。长得好看，和衣着、发型、化妆（当然，合适的妆容可以提升外貌的品质）无关。当我们谈论一张面孔的吸引力时，指的是清早醒来时那张新鲜的脸，也就是最自然的脸。

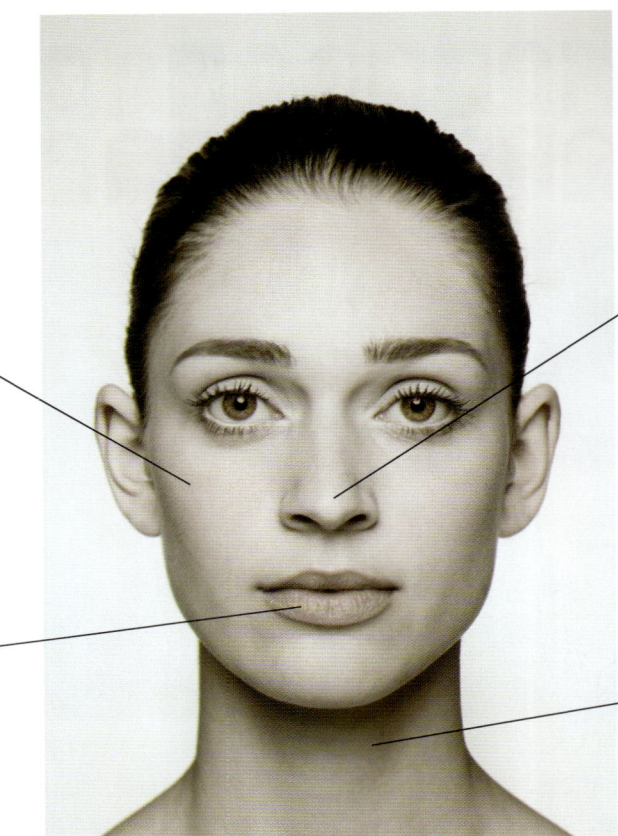

窄小的鼻头

突出的颧骨

饱满的嘴唇

纤细的脖颈

具有吸引力的男性面孔和具有吸引力的女性面孔在特征方面具有较大差异。这是因为，不同性别的激素浓度和分布不尽相同，体现为面孔上的不同特征。

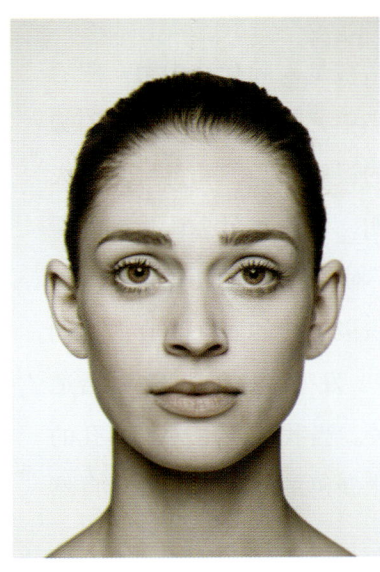

对称性是决定面孔吸引力的重要因素之一。以面孔中垂线为轴，把面孔的半边脸复制到另一边，就会得到一张完全对称的面孔，这张新面孔看起来会令人赏心悦目（这种做法还可以让面孔变得更易识别和归类，见流畅技术）。上面的图片是原始的模特面孔，下面的图片是将模特左脸复制过来得到的完全对称的面孔。

面孔的吸引力取决于以下三个主要的生理指标：

1. **平均性**：一张脸在人群中的典型程度或代表性程度。
2. **对称性**：以脸部中垂线为轴，左右两边的对称程度。
3. **性别化**：能够突出性别特征的生理外形，比如男性的宽下颌，女性的高颧骨。

应用吸引力技术来做广告还有一个好处，那就是普遍适用性。大量调查和实验研究显示，人们对面孔的偏好有着跨文化的一致性。也就是说，一张脸好不好看，取决于这张脸本身，而无所谓是谁在看这张脸。就连6个月大的婴儿都会展示出对漂亮面孔的偏爱。因此，只要设计合理，请一个美人来做广告肯定没错。无论什么性别、什么年龄、什么文化背景，大家看到美人总是会开心的。

总结评价

☞ 只要你能明白什么是放之四海而皆准的美人脸，你的广告就不会做错。

有效性
★★★★☆

其他因素
★★★★☆

易用性
★★★★★

相关概念

可靠性（credibility）
面孔知觉（face perception）
晕轮效应（halo effect）
社会模型（social modeling）

10
幽默技术

爱笑的人，运气通常都不会太差

幽默技术是广告业中使用得最广泛的技术之一（大约有1/3的广告在设计时有意包含了幽默元素）。然而，研究者们一直对此不甚明了，他们无法解释为何各大品牌和机构如此钟爱幽默技术，也不知道幽默技术究竟在广告中起到了多大的作用。

幽默有许多形式，其中最常用的一种叫作"不一致—解决（incongruity-resolution）"。该形式具体应用在广告中时，通常会先给出一个令人出乎意料的元素（比如，展示一群拥有奶白色胡子的男性），这样一来，观众就会不由自主地试图做出一些解释，来让这个元素变得合理（为什么胡子是奶白色的？是沾了牛奶？哦，哈哈……明白了，这是个牛奶广告！）。观众在这个过程中经历了两个步骤：（1）思考这个奇怪的场景，并试图做出解释；（2）一旦解释成功，观众就会体验到积极的情绪（发现其中的乐趣），也许会哈哈大笑，也许只是会心一笑。应用于广告中的幽默大约有75%属于这一类型。

在广告中应用幽默技术到底好不好，目前争议很大。一种观点认为，幽默会分散观众的注意力，让他们注意不到广告想要传达的核心内容。正如一句名言所说："人们不会从小丑那里买东西。"另一种观点认为，让人笑总是没错的，这至少会使品牌的友好度增加。

事实上，这两种观点都有道理。幽默确实会分散我们的注意力，有时候我们只记住了那个笑话，却忘记了品牌本身。

10 幽默技术

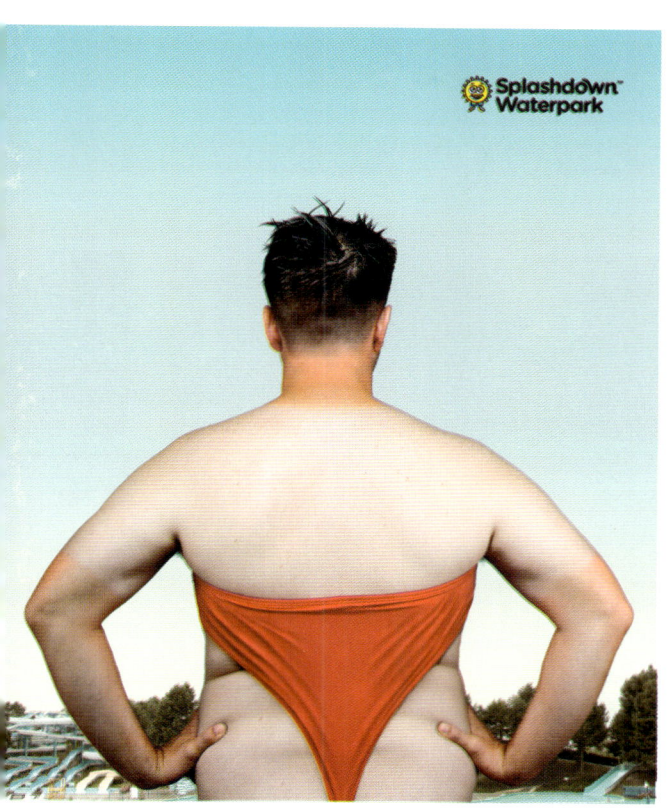

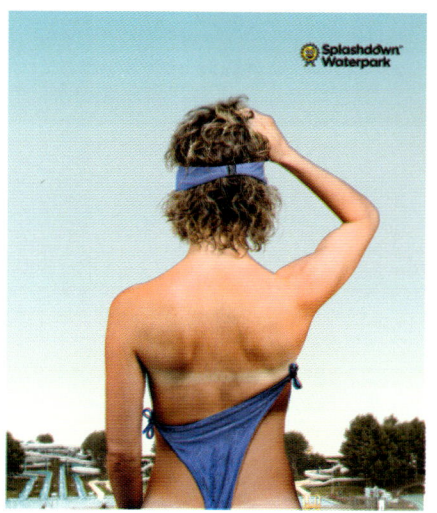

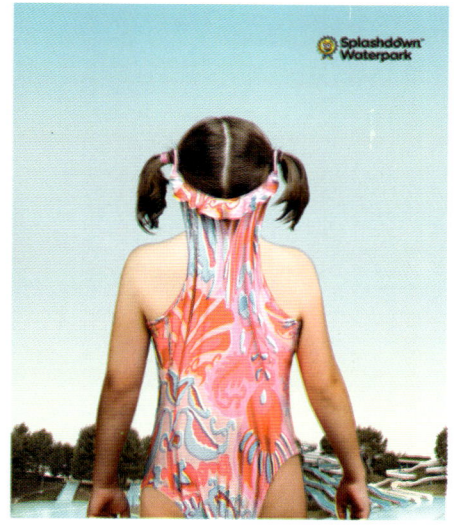

在这组广告中，泳衣的奇怪穿法会引起观众的注意。可是再看看这是给什么品牌做的广告（这是个水上乐园！），你就可以轻而易举地做出解释，为啥图中的人物会把泳衣穿成这个样子：水上乐园的项目太刺激了，滑进水里的速度太快了，结果游客的泳衣都被冲成这样一个搞笑的样子。

10 幽默技术

这是一组机智、幽默、有内涵的广告,并且采用了拟人的方法。乍一看,你可能没搞懂图片在说什么。可是读一下右上角的宣传词——"别给狗狗吃太多"——你就会立刻理解其中的含义:蹲在地上的胖狗狗其实真的很希望自己能成为一只茁壮健康、活力四射的狗狗,那才是它们理想中的自己。

但在潜意识层面，幽默引发的积极情绪会同品牌联结起来，不管我们在意识上是不是记住了那个品牌。这样一来，在我们冲动购物的时候，曾经的积极体验就会增加我们选择该品牌的概率。因此，究竟要不要使用幽默技术，还得看广告商想要达到怎样的目标。

如果广告商的目标是希望消费者在认真考虑购买某商品时，脑子里第一个浮现的就是他们的品牌，那么幽默技术不太适合。这是因为，幽默可以让人们对那个笑话印象深刻，同时却会降低人们对品牌的记忆。

不过，如果广告商希望人们在随意逛街买东西的时候更青睐他们的品牌，幽默技术就会大显身手了。尤其是当消费者没时间精挑细选或者不太在意具体买哪一个产品时，幽默技术会特别好用。在这种情况下，消费者的购买行为基本是受本能驱动或情绪影响的。在一片普通品牌之中，当他们发现某个品牌很幽默（无意识的联结），就会自然而然地选择这个品牌的商品。

幽默技术还有一个优势，就是能降低人们对广告的抵触情绪，这使得市场营销变得更容易。当我们看到一则笑话并且被逗得哈哈大笑时，我们的情绪会提升，从而忽略了广告对我们的说服和影响。所以，面对一则幽默的品牌广告，我们对营销活动（比如，广告、直销、商场销售等）就不会有那么大的抵触情绪。另外，从社会层面上讲，人类每天要面对大量的广告信息轰炸，难免烦躁不堪，一则幽默的广告能够有效缓解人们的情绪压力。幽默的广告和人类的社交活动是一样的：谁都喜欢和风趣幽默的人待在一起，纵情欢笑；谁也不愿意总是面对着古板的人，闷闷不乐。

总结评价

☞ 应用幽默技术做广告会削弱消费者对品牌的记忆，却会增加对品牌的好感度。
☞ 在刺激冲动购物方面，幽默技术大有作为。
☞ 幽默会增加人们对广告的总体接受程度。

有效性
★★★★☆

其他因素
★★★★☆

易用性
★★★★☆

相关概念

吸引力技术（attractiveness）
破坏与重构技术（disrupt & reframe）

11
稀缺技术
得不到的才是最好的

生命中最珍贵的东西往往都是稀缺的。这个道理反过来也成立，如果一个东西很稀缺，人们就会觉得它很珍贵，并且很想得到它。20世纪70年代曾有个经典的实验，研究者给了被试两罐饼干，要求他们评价饼干的好吃程度：两个罐子和罐子里的饼干是完全一样的，只不过其中一罐装着2块饼干，另一罐装着10块饼干。结果，人们坚定地认为前者比后者好吃得多。

在实际生活中，商家总是努力地让消费者相信，机会转瞬即逝，他们必须快点下手，不然东西就没了，这就应用了稀缺技术。你可能听过或见过这样的说辞："只剩一个了！""打五折！仅限今天！""还有另外三家也在看这个房子呢！"是的，这些都是稀缺技术的典型样例。这项技术的说服力在于，它激发了人们对得到某个事物困难程度的觉知，它让人们感到这是最后一个机会。如果我们现在不行动，之后可能就要花更多的钱，甚至之后可能就买不到了——错过就是最大的过错！

稀缺技术究竟为何具有强大的说服力？其潜在机制是什么？目前尚存争议，在这里我们提供几个可能的解释。第一，人类的头脑中可能持有一些普遍的假设，"稀缺的东西最珍贵"可能就是其中之一。毕竟，生活中大部分珍贵的东西确实很稀缺（比如黄金和钻石），该假设就是对实际生活的一种扩展解释。第二，如果一个东西所剩不多（例如，"仅剩两个！"），就说明别人肯定也很喜欢这个东西，早就买走了。既然别人

许多广告会在展示产品的同时加上一些稀缺信息,比如"不买就没了!""仅剩 X 个!"之类的话。本图是一个超级英雄手办商店的广告,属于稀缺技术的扩展应用。看,最先映入眼帘的是广告正中的几个大字:限量版。然后你必须再多看几眼,才能发现下面的小字,才知道原来所谓的限量版指的是超级英雄的手办。不可否认,"限量版"这几个大字在一开始便强烈地吸引了我们的注意。如果什么东西是限量的,而你又碰巧及时发现了这个东西,你就会成为少数的拥有者之一,这是多么幸运的事情!你会觉得,这样限量的宝贝一定价值不菲,值得收藏,并且将来一定会升值!不过,从来没有哪一个广告会告诉你,所谓的"限量"究竟限多少量,也许它们远没有你想象得那么"限量"。这个真相实在是太残酷了!

稀缺技术在网络购物中更是广为应用。你可能曾经在网上订过机票、酒店或者租车之类的，在你输入目的地后，弹出来的信息中往往包含着一些血红色的字："只剩两个座位！"十分刺目，让你万分紧张。或者也可能是一些比较模糊的信息："赫罗纳机场繁忙，价格可能上涨。"想一想，你现在看到的价格可能待会儿就涨了，你正挑选的酒店可能马上就住满了，你心仪的小车可能马上就被别人租走了，你再也坐不住了，你被说服了，你决定不再犹豫，立刻掏钱。把该订的赶紧订下来，心里就踏实了，省得待会儿后悔！*

* 红字意为："最后的机会！仅剩一个！"蓝色按钮上写着："马上预订"。——译者注

都想要，说明这个东西肯定不错！（另见社会认同技术。）

第三种重要的解释来源于心理抗拒理论（reactance theory）。面对一个产品，我们可以买，也可以不买，这时我们有选择的自由。然而一旦某产品变得稀缺，就意味着现在我们确实还有选择的自由，可是很快就没有了。显然嘛，等这东西卖完了，选项就只有一个——我们只能选择不买，这样一来我们当然失去了选择的自由。因此，某物稀缺的信息会对我们的自由产生威胁，我们不得不买下这个东西，以对抗失去自由的恐惧。

与此相关的还有另外一个因素：预期后悔。预期后悔指的是，在我们的预想中，如果做了错误选择，我们会后悔到什么程度。这样，在做决策的时候，我们就会把对预期后悔程度的评估也考虑进去（参见损益技术）。比如你可能会想，要是

我没把最后一条牛仔裤买走，待会儿后悔了怎么办？在这个例子中，相比买到一条并不需要的牛仔裤，事后的懊恼可能更让你郁闷。这样一来还有什么可犹豫的？买下它当然就是最好的选择。

稀缺技术使用起来非常容易，这一点显而易见。可以在时间上制造紧迫感（"时间有限！"），可以在数量上制造匮乏感（"仅剩几个！"），还可以让你感到别人在和你抢（"大家都在排队呢，你可别抢不到！"）。反正，广告商总有各种各样的办法让你相信"走过路过不要错过"。

总结评价

☞ 稀缺的商品比不稀缺的商品更具吸引力。
☞ 人们努力寻求自由感，稀缺会威胁到人们的自由选择权。
☞ 如果在买一个东西之前，你想了想没买这个东西会让你多后悔，你就会更喜欢这个东西。

有效性
★★★★☆

其他因素
★★★★☆

易用性
★★★★☆

相关概念

供需关系（demand & supply）

机会成本（opportunity costs）

安全需求（safety needs）

不确定性规避（uncertainty avoidance）

12
瞬时吸引技术

如果人们感觉一条信息和自己特别相像，
这条信息的说服力就会加倍的强

你一定遇到过陌生人向你求助，要你捐款，或者向你推销产品，你是不是曾经莫名其妙地就答应了人家，事后想想却搞不明白当时自己为啥就答应了？极有可能是因为这个人让你产生了一些积极的感受，比如熟悉感，从而让你更喜欢这个人。然而你很难确切地说出这种感觉究竟是从哪里来的。

越喜欢一个人，就越容易答应他的请求，这一点也不奇怪。我们更愿意帮助自己的好朋友，或者那些和我们"三观"相合、志趣相投的人。Shelly Chaiken 提出了"喜爱启发法"（liking heuristic）来形容这种现象，她这样解释道："如果我喜欢你，我就会尽我所能地取悦你。"是的，这条规则是多么显而易见，却也是人类社会最基本的法则之一。

我们太容易喜欢那些和我们相似的人了，无论是在意识层面还是在无意识层面，哪怕是一些极微小的，甚至与生活主题不相干的特征，只要我们相信对方和我们相似，就会忍不住地喜欢他们。学者 Jerry Burger 长期致力于瞬时吸引领域的研究，他设计了许多形式来激发人们的瞬时喜爱。有的实验证明，仅仅让两个人坐在同一间屋子里，之后再做决策时，这两个人对对方的服从概率都会翻倍。还有的实验是让被试填写完一份人格量表之后，再看看别人填写的这个量表（实际上，所谓的"别人"是研究者冒充的）。如果被试看了"别人"的量表，觉得和自己很像，那么之后他就更可能答应这个"别人"

可口可乐（Coca Cola）进行过一项推广活动，发售"个性瓶"版本的可乐。所谓个性瓶，就是在可乐的瓶身上印制人名，根据不同国家和地区，有针对性地印制当地的常用名。看到这些个性瓶，人们就会联想起他们生命中的一些重要的人，自动唤起良好的情感反应。如果瓶身上印的就是消费者本人的名字，就会引发熟悉感和相似感，自然而然会对该产品产生积极的态度，并增加对产品的喜爱。*

* 三个可乐瓶上写的都是英语地区的常见人名。——译者注

对他提出的要求。这个结论并不奇怪，某人与我们是否相似在很大程度上决定了我们是否信任此人，是否愿意帮助此人。人格量表不就是在重要的人格变量上向我们展示，这个人和我们有多相像吗？不过，真正用在广告中时，研究者发现，即便是那些与生活重点毫不相关的相似之处，比如两人的名字一样，对消费者也同样有强大的说服效果。名字一样根本不代表两个人具有任何真正意义上的相似，可还是会让其中一方对另一方的好感倍增。甚至当两个人发现彼此的生日是同一天，也会产生同样的效果。

还不止这些呢！研究者曾在实验中告诉一些被试，他们拥有比较独特的指纹（其实是研究者骗他们的），然后又告诉他们，另一个人拥有和他们一样的指纹，结果发现，被试对那个与他们拥有相同指纹的人的服从程度大大增加。这表明，即便是虚假的相似之处也能引发瞬时吸引。请注意这里面的关键点，所谓的"相似之处"必须让人觉得是特别的；如果某个特质是人人都有的（比如，广告里的人是个男的，我们这些

商业品牌吸引目标消费群体的手段之一，就是展现该目标群体所认可推崇的人生观和社会价值。这组图片以及其中的宣传语都在暗示：我们和你一样。通过这样的方式，该品牌表明，他们和消费者是站在一起的，这让消费者在面对该品牌时会产生一种"我们是自己人"的内群体感受。*

* 这是时装品牌迪赛（Diesel）的一组广告。上图左下角写着："智叟评头论足。"右上角宣传语意为："愚公创造世界。"右下角宣传语意为："做愚公。"左下图写着："智叟自觉有想法，其实想法特别傻。"右下图写着："站在聚光灯下的是愚公。"——译者注

看广告的人也是男的），就不会产生瞬时吸引效果。我们所共享的特质越特别，对我们的影响力就越大。

在此列出一些能够引发瞬时吸引效果的因素：共处过（参见纯粹接触技术）、同名、同日出生、撞衫、相同的学术头衔、老乡、相似的音乐品位、相同的宗教背景，等等。

在拓展针对个人的市场时，本技术非常好用。比如，互联网能够根据用户信息，有针对性地推送与用户本人相似的广告，引发用户的瞬时喜爱。在未来的广告行业中，也许销售人员都戴着谷歌眼镜（Google glasses），服务消费者的时候可以快速从社交媒体上搜集到消费者的信息，让推销变得更容易。如果网上有个和你同名的人跟你打招呼，注意了，这个人在未来和你的沟通中可能已经占得了先机。

总结评价

- 一定要在对方展露自己之前就呈现你们之间的相似性。如果在对方说了之后你才说，就会显得很假。例如："啊，你叫琳达啊？好巧，我也叫琳达！"
- 有些人对社会认可和人际联结的需求特别强烈，对于这部分人，利用相似性引发瞬时吸引的效果会特别好。

有效性
★★★★☆

其他因素
★★★★☆

易用性
★★★☆☆

相关概念

社会联结（bonding）

人际吸引（interpersonal attraction）

人际和谐（rapport）

13
诱饵技术
二选一不好选，再加一个选项就好选了

两个相似的选项总是让人很为难，这时候，引入一个诱饵选项就可以打破平衡，让其中一个选项变得更有优势。也就是说，假设现在有 A 和 B 两个选择，它们看起来差不多，引入诱饵选项 C 之后，在原本的两个选项中，有一个（比如 A）明显好于 C。引入 C 的目的不在于让人们选择 C，而是为了让 A 看起来更好，以促使人们在 A 和 B 之间选择 A。你可能会疑惑：为什么人们原本对 A 和 B 的偏好程度差不多，仅仅增加了一个选项 C 之后，人们就会对 A 或 B 的看法发生如此巨大的改变？不管 C 有多好（或者多坏），A 和 B 之间的关系在客观上是不可能改变的啊！你的疑惑很有道理，这个现象的存在，只能再次印证人类是一种多么不理性的动物。大脑简直是我们的猪队友，这一点，怎么瞒得过精明的广告商呢？

下面举个例子来详细说明诱饵技术。假设你想买最新款的黑色苹果手机，你的选项有：（A）799 欧元 32GB 内存；（B）999 欧元 64GB 内存。你会买哪个呢？A 便宜，B 内存大，各有各的好处。这很难选。但此时，若引入一个额外的选项 C，也就是诱饵选项，你猜会怎么样呢？C 跟 B 差不多贵，但是内存小得多。来看 C：959 欧元 50GB 内存。怎么样？B 是不是瞬间就变得格外诱人？你只要花比 C 多一点点的钱，就可以得到比 C 大得多的内存空间。引入诱饵选项之后，大部分人会选择 B，而非 A。当然，没有人会考虑选择 C。重申一遍，此时的两个原始选项不再平衡，由于 C 的对照，B 显然比 A

更有优势。

研究者试图利用脑成像技术来探索这一非理性偏见的机制。结果发现，当我们面对两个类似的选项时，会感到难以取舍，引入诱饵选项后，信息的冲突性降低，我们的压力感也就降低了。这是因为诱饵选项提供了额外的信息，让我们拨开迷雾，得以挑选到最"优"的选项，这样一来，决策过程就变得容易多了。

诱饵技术让人难以觉察，无论一个人多么聪明，或者一个诱饵做得多么露骨，人们就是特别吃这一套。诱饵技术在广告中应用广泛，小到啤酒、零食，大到电视机、汽车，甚至是政治选举（比如，再加入一个候选人，跟你的对手相比，这个候选人明显比你差得更多），只要你想，都能用得上。

总结评价

- 一定要确保诱饵选项是所有选项当中最不招人喜欢的，当然，也不能做得太明显。
- 同低质量的商品相比，诱饵技术对售卖高质量的商品更有效果。

有效性
★★★★☆

其他因素
★★★★☆

易用性
★★☆☆☆

相关概念

议程设置（agenda-setting）

独特偏见（distinction bias）

虚拟期权（phantom options）

方案重构（proposal-reframing）

13　诱饵技术

诱饵技术在餐饮服务行业应用得特别多。假设你进到一家咖啡店里买咖啡。小杯 2 欧元，中杯 4 欧元，大杯 5 欧元。在这里，中杯就是一个诱饵。你可能根本不想喝大杯的，但是大杯看起来比中杯好太多了，你就忍不住买了。

广告
是印在纸上的推销术。

约翰·E. 肯尼迪（John E. Kennedy），20世纪初著名的广告文案撰写人

14
"这不是全部"技术

你还没张嘴,对方就又打折又送赠品,这简直太棒了!

"这组精美的刀具套装仅售69.95欧元,但是,这还不是全部!无须多花一分钱,我们再免费送您一个钛合金切肉板,外加一把刀!"

在数字时代来临之前,电视购物曾独霸一方。它们销售的东西包罗万象,家庭运动鞋、美颜面霜、厨房刀具、锅碗瓢盆套装……只有你想不到的,没有它们不卖的。电视购物可谓深入应用社会影响和说服技术进行广告营销的滥觞。其中最臭名昭著的技术大概就是"这不是全部(That's not all,简称TNA)"技术了。通常,电视里的推销员会先展示一件产品并报出价格,接着,在此价格不变的基础上,他们会再加送一堆赠品。一开始的价格听起来就够诱人的了,现在居然还能加赠一堆东西,这简直太棒了!

这项技术之所以好用,是由于人们总觉得买东西时必须要讨价还价(参见互惠技术)。销售者若主动提供赠品或折扣,就会让人感觉他们是在买卖过程中做出了让步。再者,使用该项技术的要诀在于,你需要让消费者相信,最开始的价格就是最终的价格,所售卖的东西也就是最终他们要拿到手的东西。这样,你再多给他们任何东西,他们都会觉得这是白得的。

讲到这里,你应该已经发现,"这不是全部"技术使用起来非常简单。首先,你要把你卖的东西和价格提出来;然后,在对方还在考虑要不要买的时候,你就紧跟着给出一个比原来更划算的方案(比如,打折、给礼品、赠配件,或者其他任何鼓励性的措施)。注意,额外的好处一定要在之后呈现。如果把所售卖的产品和附加的好处同时给出,说服效果就大打折扣了。关于"这不是全部"技术,曾有这样一个实验。给消

这就是本章开头提到的刀具套装。第一把刀的原价是 89.95 欧元。不过先别急,我们还会给你打折的!现价只需 69.95 欧元!还不够?别急,还有呢!我们还会免费再送您一把刀,再多送一把……以此类推。到最后,你就会感到超乎想象的划算:只要花一把刀打折后的价格,就能把上面说的所有东西都抱回家!

你想买这本杂志吗？先别急，这不是全部！我们还免费送你三个小礼品。当然了，这些礼品其实根本不是免费的，因为你得先买了杂志才能得到礼品。注意：杂志左上角的"No.1"标签也算是在某种程度上使用了权威技术。*

* 这是一本装在塑料袋里的杂志，封面左上角的圆圈标签上写着："摄影新技术第一家"。——译者注

费者呈现两种售卖方案：一种是花75美分买一个松饼，再附送两块曲奇饼；另一种是花75美分买一个松饼和两块曲奇饼。结果发现，第一种方案让消费者掏钱的概率比第二种大得多。进一步实验发现，如果一个松饼先标价1美元，然后降价为75美分进行售卖，远比一个原本标价就是75美分的松饼卖得好。

"这不是全部"技术尤其适用于低价商品（消费者难以确切地估计这一堆小零碎产品的实际价值）。如果一个产品本身很贵，或者是消费者根据需要专门来购买的，人们就会比较理性地对比分析产品的质量和价格。这时候，"这不是全部"技术就起不到太大的作用了。

不过，你以为本章内容就这样结束了吗？不，这还不是全部！还有一些关于"这不是全部"技术的应用建议，免费送给你！请看下面的"总结评价"吧！

总结评价

- 原价一定要看上去合理。
- 打折或赠品一定要在展示了原价之后，一件一件地注上加。
- 在你依次进行打折或一件一件展示赠品的时候，不要给对方任何回应的机会。一口气把要展示的全都展示完。
- 想要达到最佳效果，最后呈现的那项优惠一定要特别特别地令人惊喜。

有效性
★★★★☆

其他因素
★★★☆☆

易用性
★★★☆☆

相关概念

"这是免费的！"偏见（"It's free!" bias）

互惠（reciprocity）

15
纯粹接触技术
看得越多越喜欢

总是给你看一个名牌产品，你就会对它印象深刻，并且会刺激你更想得到这个产品，这一点大家都体会过。不过，那些知名品牌总是拼命出现在你的视野当中，可不仅仅是出于这一个原因。研究表明，把一个中性或积极的材料反复呈现给你看，你就会对它产生更加积极的感觉。这是因为，反复暴露会增加你对这个材料的熟悉感。只要是肉眼可见的材料，基本都遵循这个规律。不论是办公室里新来的同事，还是走廊上张贴的汽水广告，你看见他们的次数越多，通常就越喜欢他们。

1968年，研究者 Robert Zajonc 通过一个巧妙的实验证实了这个无意识效应的存在。他以一些中文字作为实验材料反复给人们呈现，结果发现，尽管没人认识这些字是什么意思，但人们明显更喜爱他们见过的字，对那些第一次见到的字则没什么感觉。这说明，不具有任何情绪色彩或具体含义的材料，仅仅是通过反复呈现，就可以让人们产生更积极的感觉。广告商们深知，只要没日没夜地让你看到他们的品牌，你就会对这些品牌产生好感，你甚至意识不到你已经产生了好感。有时候问问那些消费者，他们可能会说根本不认识这个品牌，但他们已经报告说对这个品牌感觉不错。这种无意识的积极体验会转化为购买行为，尤其是当人们对同类产品的不同品牌没什么强烈的个人偏好时，或者是闲逛中进行冲动购物时，这种效果尤为明显。可口可乐就是典型的例子。你会发现，无论

15 纯粹接触技术

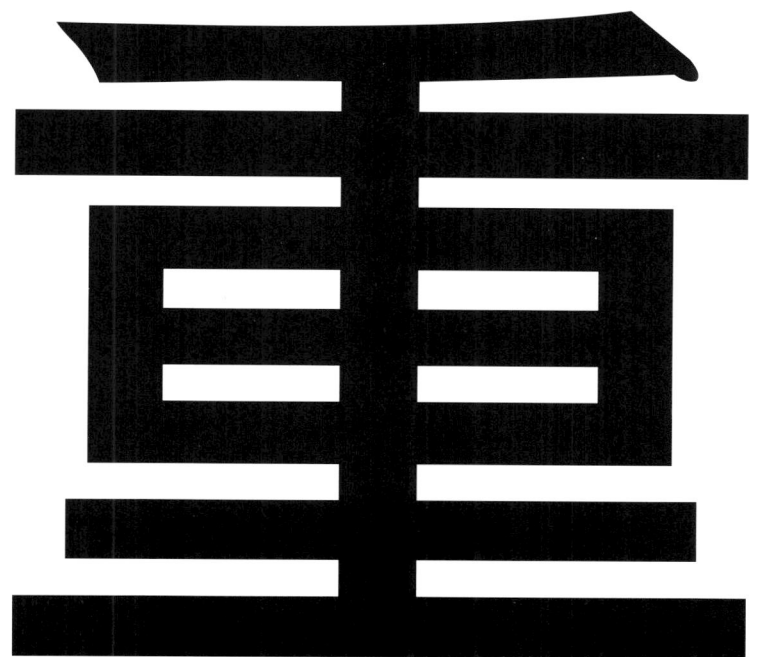

对于大多数老外来说，这就是一个不知所云的中国字符。不过，如果让一个老外从现在开始每天都拿出这个字来看一看，他就会对这个字产生一些积极的感受。正如本章所述，在 Robert Zajonc 于 1968 年做过的那项世界闻名的实验中，他给美国的非汉语使用者呈现汉字，随机呈现 1~25 次，然后让他们猜那个汉字的意思。结果发现，一个汉字呈现的次数越多，人们猜测的意思就越积极。当然，对于中国读者来说，上面这个字的意思就不用解释了。

为了扩大品牌影响力，各大企业都砸了大把的银子来展示自己的品牌。正如文中所讲，纯粹暴露不仅能够让我们记住特定的品牌，并在购物时考虑选择该品牌，还能让我们对该品牌产生积极的情感。纯粹暴露效应还会引发一些很有趣的现象。比如，消费者在填写销售问卷时常常表示，自己很喜欢寻访和尝试有特点的小众品牌。可事实上，真到逛街的时候，他们还是会驻足在逛了多少遍的那几家大型服装店。人啊，就算从阿姆斯特丹一路旅行到上海，只要一逛街，可能顺手就进了旁边的那家 H&M。

是看电视还是逛大街，遍地都是它们的商标和广告语，想不看都不行。这种坚持不懈的品牌展示效果绝佳，现在全世界人民都熟知可口可乐，并且对可口可乐有着非常积极的评价，这都是纯粹接触技术的功劳。当然，过度暴露也有副作用，同一个东西看得太多也可能会招致人们的反感。研究显示，纯粹接触技术的效果在材料呈现10～20次时可达到最大值。

纯粹接触技术还有另外一种使用形式，比单纯铺天盖地放广告要温和一些，但同样有效，那就是在电影、电视节目、音乐视频中植入品牌。这样做不像普通广告那么赤裸裸地强调品牌本身，也就降低了观众对品牌影响的阻抗。另外，植入的产品还可能和明星或角色产生联结（通常是无意识层面的联结），彼此促进产生积极效应。

总体来说，纯粹接触技术使用方便（只要你肯花钱大量铺广告），它能够影响非刻意的购买行为，对冲动性的决策也有促进作用。同样，如果你想让某人更喜欢你，最好天天在他身边转悠，让他一抬眼就能看到你！

总结评价

- 最开始的10～20次暴露是最重要的；在此之后，增加暴露次数对提升消费者的喜爱程度就影响不大了（不过，继续暴露还是能增强对品牌的记忆）。
- 暴露的信息一定要简洁明了，并且两次暴露之间要有一定的时间间隔，要避免过度暴露效应。

有效性
★★★★☆

其他因素
★★★☆☆

易用性
★★☆☆☆

相关概念

可得性启发法（availability heuristic）

熟悉效应（familiarity effect）

近似效应（propinquity effect）

16
锚定技术

一个产品价值几何？那得看跟谁比

锚定效应是一种复杂的认知偏见，它是指，当我们对新事物做判断的时候，会以现有的信息做基准或参照。还是举个例子更清楚，现在请按顺序回答下面两个问题：

尼罗河比 320 千米长还是短？
你觉得尼罗河大概有多长？

研究发现，如果把第一个问题中的 320 千米换成 16 000 千米，人们对第二个问题的回答会大不相同。第一个问题中的数字变成了一个"锚"，人们在估计尼罗河的真实长度时，会忍不住以此为参考。回到这个例子，当第一个问题是 320 千米时，人们估计的尼罗河长度的平均值为 480 千米，可当第一个问题换成 16 000 千米时，人们估计的平均值就变成了 11 000 千米。做新的判断时，现有信息就是标准，人们会同这个标准做比较，结果就是新的判断会过分偏向或过分远离这个标准。现有的虚假信息在多大程度上能左右我们的判断呢？这取决于我们原本拥有的知识背景：知道得越少，就越不得不依赖现有的锚定信息。实际上，尼罗河的长度是 6670 千米。

再来看一个例子，这是 Tversky 和 Kahneman 使用过的经典样例。现在，请凭第一反应估计下面两个算式的值。

16　锚定技术

给小狗盛装打扮需要 11 分钟，发一条重要的短信需要 26 分钟，和这些耗时相比，每天花 2 分钟刷牙真的不算什么。*

* 左上图左边粉色气泡中的文字意为："孩子们把斯派克打扮成小公主需要 11 分钟。"斯派克（Spike）是动画片《猫和老鼠》中的角色，是一只斗牛犬的形象。右边粉色气泡中的文字意为："让他们花 2 分钟刷牙怎么样？"水杯旁的文字意为："从现在开始，每天刷牙 2 分钟，以后不牙疼。一天 2 次，一次 2 分钟。如果孩子们觉得刷牙无聊，就给他们放个 2 分钟的视频，边看边刷。请访问网址。"左下角图标旁文字意为："健康口腔，健康生活。"
右下图左边蓝色气泡中的文字意为："孩子们发一条自认为'重要'的短信需要 26 分钟。"其他部分的文字与左上图相同。——译者注

一眼望去，你觉得这个连续乘式的积大概是多少？

$1 \times 2 \times 3 \times 4 \times 5 \times 6 \times 7 \times 8 = ?$

这个式子呢？乘积大概是多少？

$8 \times 7 \times 6 \times 5 \times 4 \times 3 \times 2 \times 1 = ?$

结果很有趣，当连乘算式以1开头的时候，人们估计的平均值为512；而当起始数字为8时，人们估计值的平均数上升到了2250。其实，两个算式的结果是一样的，都是40 320。只不过起始的数字成为一个"锚"，影响了我们对真正乘积的估计。

锚定效应还能够解释为什么人们在发工资的那天特别喜欢花钱——因为你账上的钱一下子变多了，会让你产生一种特别有钱的错觉。尽管在理智上我们知道，花得太多，月底就撑不住了，可这一瞬间的账面余额就像一个"锚"，让你情不自禁地买买买。

锚定效应在市场营销方面的应用十分常见。假设我们原本觉得一辆车值3000欧元，结果1500欧元就买到了，就会觉得特别划算；可如果我们觉得这辆车就值1600欧元，那么同样是花1500欧元买下来就不会有赚翻了的感觉。在买卖中，汽车的原价一般都包含了砍价的余地。很显然，如果买家不太懂车，就容易被原价影响，以此为锚进行砍价。所以，卖车的往往都把价定得很高。无论何时，只要你所设定的目标是个数字，基本上都可以应用到锚定技术。

单凭意志力，人类几乎不能克服锚定效应的影响。就算你提醒人们锚定效应会影响他们，并且告诉他们给出的信息中包含锚定信息，他们还是会依照锚定信息做决策。哪怕是专业领域人士（法官、医生、经验丰富的买家）也不例外。总之，研究者们普遍认为，锚定技术简单易用，但是很难解释（不过我们还是努力解释了！）。

总结评价

- ☞ 人在情绪良好时就容易缺乏理性，这时就对锚定效应更敏感。
- ☞ 最开始出价要低，这就相当于设置了基线。相应地，对方会根据你给出的基线来进行调整。即便最开始的出价明显太低了，锚定技术依然有效。
- ☞ 谈论高价物时，模糊的锚定数值（如，100欧元）比精确的锚定数值（如，99.99欧元）效果更好。因为这会影响人们以什么样的精确度来调整价格（以一元为单位还是以一分为单位）。

有效性
★★★★☆

其他因素
★★☆☆☆

易用性
★★★☆☆

相关概念

调整性启发法（adjustment heuristic）

聚焦（focalism）

16　锚定技术

天主教救济和发展援助组织（Cordaid）号召人们为改善非洲贫民的基础生活环境捐出 1.5 欧元。他们将人们为自己买奢侈品的花费（35 欧元的须后水）同一个非洲贫民建房子的花费（6.5 欧元）相比较，这样一来，只捐 1.5 欧元就显得非常轻松了。*

* 左图中文字："须后水 35 欧元。建新房基本花费 6.5 欧元。"
　右图中文字："手提包 32 欧元。一周的伙食 4 欧元。"
　两图下方文字："短信发送'援助'至 2255，捐出 1.5 欧元。"——译者注

我保持影响力的秘密，就是保持它的秘密。

萨尔瓦多·达利（Salvador Dali），超现实主义画家

17
草根营销技术

花钱买水军，也能让你看起来一呼百应

草根营销（astroturfing）的英文来源于 astroturf 一词，本指的是球场中的人造草皮。后来引申出的草根营销技术指的是，广告商创造一种假象，让你觉得许多和你一样的人都支持某个观点，或者都去购买某个产品。该技术在现实中的应用远比你想象得广泛，所有的商人都知道，你的言行举止太容易受到别人影响了，你买东西之前总喜欢先看看别人都干了些啥。

有些专家估计，我们现在能看到的各种用户评价，大约有 1/3 都是假的，可能就是花钱刷来的。最近有一款叫作"角色管理（persona management）"的软件，专门用来生成几可乱真的个人信息页，这让我们更难判断坐在网络那端的到底是不是个真人。如今，精明的公司大多会在亚马逊（Amazon）之类的网络购物平台上刷出许多好评。在脸书网和推特网（Twitter）上，也有很多人会花钱给自己买"赞"，买粉丝，来营造虚假的社会形象。

草根营销还有其他一些方面的例子。比如，有些人会花钱删掉网上对自己不利的评论或帖子，或者花钱删改维基百科（Wikipedia）上的信息。再比如，网上经常有一些产品的测评帖，看起来就像普通消费者自己写的，其实可能是商家在背后支持的。还有，一些患者支持组织或者医生会推荐某些药物，他们极有可能是有医药公司的赞助。

普通消费者很难识别网上的种种信息到底是真实的，还是草根营销的结果。不过，一旦消费者发现你搞草根营销，你

脸书上的"喜欢"是可以花钱买的。"喜欢"越多,说明这个账号越有社交影响力,越值得信任。在网络世界里,最大的问题就是:脸书上的"喜欢",推特上的关注,购物网站上的产品评论,到底有多少是真实的。*

* 最上方的文字意为:"想增加曝光吗?我们可以让真人来给你的主页点赞!"——译者注

就会弄巧成拙,消费者会对你的品牌和产品唾弃万分。如今是网络时代,什么消息都传得飞快,要是真搞出这么一桩丑闻,你的公司可就有大麻烦了。

总结评价

☞ 草根营销技术是不道德、不诚信的,违背市场经济的公平性。如果一家企业想要塑造正直、可信、权威的形象,一定不要用草根营销技术。

有效性
★★★★☆

其他因素
★★☆☆☆

易用性
★★☆☆☆

相关概念

议程设置(agenda-setting)

伪旗行动(false flag operations)

网络水军(internet water army)

病毒营销(viral marketing)

18
拟人技术

一个东西越像人，就越招人喜欢

拟人技术是指，给动物或其他无生命的东西赋予人的特征，并通过语言或视觉化的方式展现它们的类人色彩。比如这样一句广告词："这款车就是个爱飞奔的小妖精，你越轰油门，她就越爱你。"

纵观整个历史，人类总在不断尝试从自己的视角解释世间万物。比如，自然现象是如何发生的？动物为何有这样那样的行为？人类觉得，这些力量的背后也有它们特定的动机、思维和需求，就跟人类自己一样。比如，"老天爷怒了，所以狂风大作。""这只鸡不愿意被关在笼子里，她想回归大自然，她渴望自由。"等等。

从微观角度来看，拥有拟人思维是每个人在孩提时代必经的成长过程。小时候，我们会特别依恋某一块毯子，会跟毛绒玩具一起玩，会在看《小鹿斑比》时大哭不止。甚至到长大懂事了以后，我们的大脑还是常常忍不住把人类的喜怒哀乐代入周围的万事万物（你看，这句话其实就是在拟人）。匹诺曹只是一个能动的小木偶，可是看电影的时候，我们都会为他的成功而欢呼，为他的遭遇而落泪，我们能理解他的梦想和感情，我们与他同呼吸共命运。到了电影结尾，当匹诺曹达成所愿，长出皮肉，变成真正小男孩的时候，我们似乎也能体会到触摸人类肌肤时那种温暖柔和的感觉。

拟人技术让我们与世间万物发生联结。广告中用到拟人，反过来会使我们觉得这个品牌的商品或者动物、植物更像我

18 拟人技术

瑞飞索（Refisal）在食盐中添加了一些对人体有益的成分。这些成分包括叶酸、铁等，都与人的健康强壮息息相关。在广告中，瑞飞索用拟人的方法表现了食盐添加成分对健康的作用机制：瑞飞索食盐可以让你每日所吃的食物更健康。就如图中所描述的，含有添加成分的食盐让西兰花和鸡肉都对消费者更有益。看，瑞飞索食盐化身为健身教练，你一眼就能看明白这个产品和食物的关系，进而对这个产品产生好感。*

* 右下角广告词意为："添加叶酸和铁，食物更健康！"——译者注

们自己（另见相似技术）。觉得像了，自然就会把我们的思维情感和处事方式加在这些东西身上，从而更喜欢它们。这就是所谓的感同身受。很显然，广告中的东西越让人有感觉，就越能同人们产生联结，人们买它的概率就越大。

图中的大猩猩和北极熊表现出了和人一样的羞愧和怀疑情绪。通常认为，原始情绪（如恐惧、愤怒、快乐）是一切物种所共有的，而次生情绪（如羞耻、怀疑、内疚、骄傲）是人类所独有的。这组宣传图将动物拟人化，会从两个层面对观众产生影响：第一，我们会觉得和这些动物更亲近；第二，我们似乎能够体会到和它们一样的羞愧与怀疑。总之，我们会受到刺激，掏出钱包为世界自然基金会（WWF）捐款。*

* 图中宣传语意为："我们到底对地球做了些什么？"——译者注

Heineken

著名的喜力啤酒（Heineken）的英文标就是一个好例子。把"Heineken"中的三个"e"稍稍向后倾斜，让这三个"e"就像在笑。这样，喜力的英文标就显得更具有亲和力，也更人格化了。

生态园（Biopark）做的这组广告用"干净"和"吸毒"这对人类才有的词来形容蔬菜。不喷洒农药，不使用添加剂，意味着植物更健康。有谁希望自己和家人整天暴露在"吸毒"的蔬菜中呢？*

* 广告图底部文字意为："不是所有的蔬菜都叫干净蔬菜。请从生态园购买生态蔬菜。"——译者注

我们的大脑特别喜欢拟人，它几乎无时无刻不在把周围的东西拟人化（你看，我们又开始拟人了！），而好的拟人技术可以强化这种拟人效应。在视觉广告中，你可以将一个东西设计出人的特征，比如画成人形，加上四肢，画上脸，或者让它有表情，等等。在文字广告中，你可以用描述人的方式来描述一个东西，让这个东西去思考，去感受，让它完成任务，让它有所体验。电视广告的做法往往特别简单，只需要让一个东西自主地动来动去，或者让它说话，就能达到拟人的效果了。

当然啦，拟人的时候要确保能够唤起观众的积极感受。如果拟出来的人形让观众产生了一些很不好的联想，就会适得其反。

总结评价

有效性
★★★☆☆

其他因素
★★★★★

易用性
★★★★☆

☞ 人们希望同品牌和产品建立联结。所以，要帮助消费者尽可能容易地建立联结。

☞ 可以把产品塑造成人形，或者让产品做出人的动作，这样就可以提升拟人效果。

☞ 通过拟人，消费者不仅会觉得产品更像人，还会觉得产品更像他们自己。

相关概念

同理心（empathy）

人格化（personification）

相似性（similarity）

模仿（simulation）

18 拟人技术

活力植物（Vigor Plant）专门为植物爱好者和专业人士提供营养产品，让植物生长得更健康。只要让人们觉得植物真的需要这些营养材料，活力植物的产品卖起来就会很容易。在这个广告中，活力植物没有向消费者描述使用了产品之后这些植物会长得多漂亮。相反，他们向消费者暗示，植物可能正在经受不幸（使用活力植物的产品就能解决这个问题）。看，仙人掌的头上用刺围了一个花环，这是耶稣受难时的一个著名标志。这让植物看起来更像人（或者说更像耶稣），从而使得人们忍不住想要去挽救这株"可怜的"植物。*

* 广告图中间的文字意为："植物的生活比看上去更艰难。"右下角的文字意为："活力植物，健康植物。"

19
信赖技术
一张可信的脸胜过千言万语

想要了解一个人，需要依赖一些线索，比如他得过的奖章、取得的证书、获得的荣誉或者推荐信（参见权威技术），这些都可以帮助我们判断这个人到底可不可靠。听到一则信息时，如果讲述信息的人是个穿制服的人，或者穿白大褂的人，就显得消息特别可靠。广告商深谙此道，他们会在广告中提供各种线索，营造出一种很可信的感觉。

不过，关于什么样的因素会使人觉得更可信，最突出的研究却是关于面孔认知的。当我们看到一张脸的时候，会自动将脸上的全部特征都加工出来，并有意无意地形成一种是否值得信赖的感觉。研究结果呈现出惊人的一致性，也就是说，全人类都会自发根据某些面部特征对一个人做出判断，判断他是否具有某些人格特质（比如是否具有攻击性，是否外向）。其中，人们从面孔上提取得最快的信息之一就是这个人是否可信（甚至比判断这个人是否漂亮还快）。人们判断一张面孔是否可信的依据之一是面孔的宽高比（facial width-to-height ratio，简称 fWHR）。面孔宽高比的宽是指两边颧骨最高点之间的距离，高是指上嘴唇到眉毛的距离。窄长的面孔相对来说比扁宽的面孔看起来更值得信赖。

另外，棕色的眼睛比蓝眼睛看起来更可信，这可能是由于眼睛的颜色会让人感觉和表情相关，在无意识层面，棕色的眼睛会被认为是快乐的，而蓝色的眼睛则会被认为是愤怒的。还有其他一些面部特征也会影响人们对此人的信任程度，

19 信赖技术

不可信的面部特征

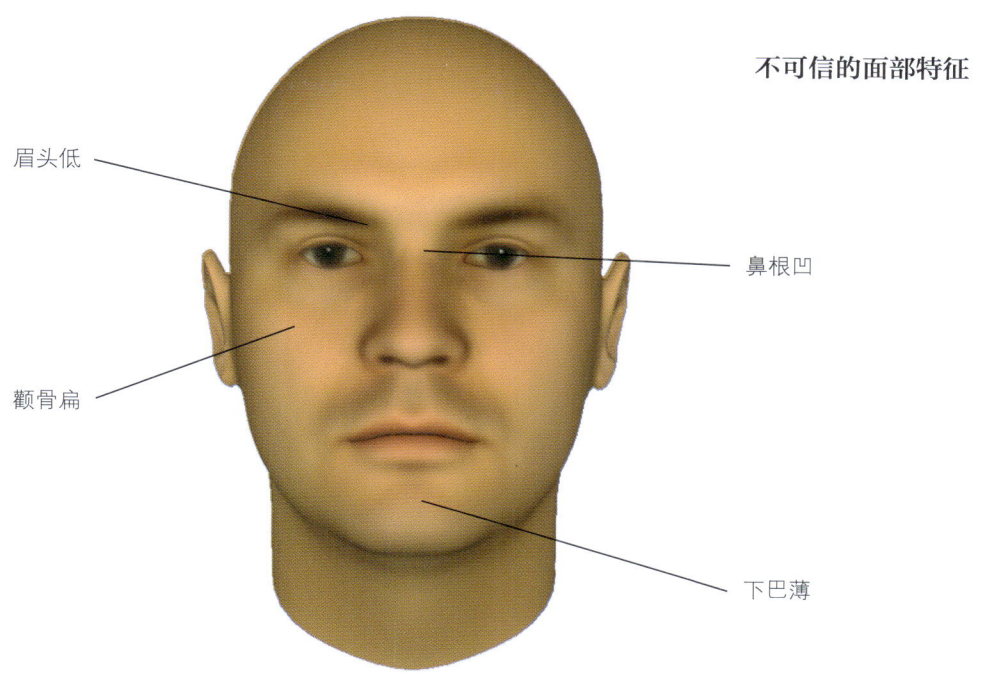

可信的面部特征

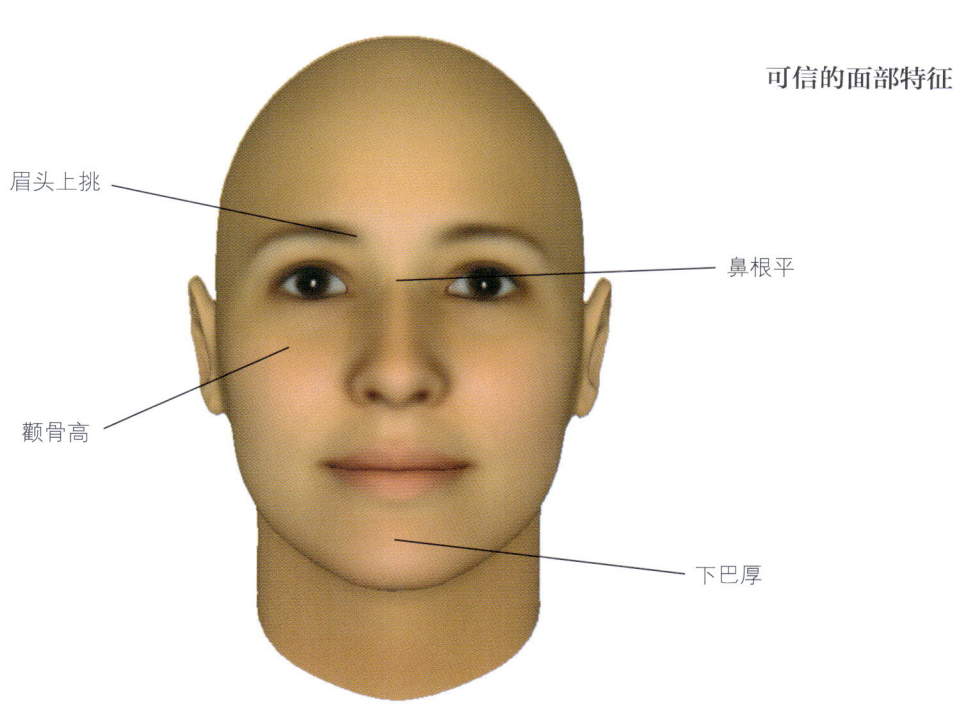

前面两张面孔给出了一些人类在无意识层面判断他人是否可信的指标（对面孔宽高比做了进一步补充）。再看看写出了这本书的我们仨，真该庆幸我们写的是一本书，而不是录了张DVD。当然，笑容也是很重要的。正如特蕾莎修女（Mother Teresa）所说："和平始于微笑。"不过要注意，慢慢展开的微笑比快速出现的微笑看起来更可信。

最不可信 中性 最可信

       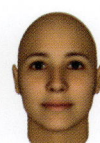 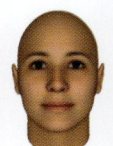

比如眼睛大小，笑的方式，是否是娃娃脸，等等。

曾有人好奇，像面孔宽高比这样的面孔特征，是不是真的和这个人的行为的靠谱程度相关。是不是面孔宽高比高的人真的就不如低的人值得信赖？就算关联程度不那么夸张，是不是至少也有一点点相关呢？然而，大量的研究结果证明，长成什么样跟这个人是否靠谱根本没有一点关系，这完全是旁观者的主观感觉而已。

不过，尽管在理智上我们知道面部特征不能预测行为，但潜意识总会忍不住地"以貌取人"，这是全人类根深蒂固的本能。所以，如果你想找个模特做宣传广告，最好还是参考一下关于面部特征的这些研究，对你有益无害。

多说一句，现今技术这么发达，修个图并非难事。这就是说，不管你的广告代言人长成啥样，你都可以把他们修得看上去无比值得信赖。

总结评价

- 看见一张面孔的时候，我们会本能地评价这张面孔的可信程度。如果广告中包含着令人信赖的面孔，人们就会对这个广告的感受更积极。
- 我们对面孔可信度的判断完全不能预测这个人真实的可信程度，但我们在做决定的时候免不了会受到这种判断的影响。
- 其他一些与信任相关的非事物线索（如奖章、名人推荐、工作头衔等）也能影响我们对广告或产品的感受。

有效性
★★★☆☆

其他因素
★★★★☆

易用性
★★★★☆

相关概念

可靠性（credibility）

专家激素（expertise-oxcytocin）

面孔不对称性（facial asymmetry）

20
破坏与重构技术

不破不立

有时候，我们必须把人们从固有的思维模式中拽出来，他们才有机会睁眼看看新世界。人们在面对你提供的信息时，经常会陷入一些不佳的意识状态，比如，对你的东西不感兴趣，固守着他们自己所谓"正常"的规矩，对你的信息产生阻抗，或者干脆就是没注意到你在说啥。这时，你就可以借助一些手段，比如破坏技术，来重新整合他们的认知。一旦人们感到被打断，或者感到惊讶，他们的注意力就会被吸引到你身上，接下来你提出的各种要求就更有可能实现。

使用破坏技术，需要你引入一个出人意料的元素，这个元素要足够抓人眼球，这样人们的批判思维就被打断了，就不记得他们原本正对你所说的信息满腹狐疑了。这就为接下来的说服和服从过程打开了大门。比如，一个乞丐没有跟你说"给我点钱吧！"他说的是："请给我39美分。"这个意外的请求就是破坏元素，它吸引了你的注意，让你不像一开始时那样充满警觉，你极有可能当场就同意给钱了。

破坏再重构技术（disrupt-then-reframe technique，简称DTR）也需要引入一个意外元素，不过，在引入元素破坏了原有的结构之后，还需要再做一次重构。比如，一名推销员这样说："这副牌需要300美分（破坏），也就是3美元，很便宜耶（重构）！"首先，300这个意外的数字打断了人们原本对推销员的阻抗情绪，并且把注意力集中过来。接着，推销员做了重构，原来300美分就是3美元，这是一个不错的价格，将当前

"嬉皮士""爱猫的人""文身的人"都该去死？这样反直觉的信息会让你驻足在广告之前，想要弄明白到底是怎么回事。广告右下方的文字对此做出了重构。原来，他们关心的是肺癌。许多人认为，肺癌患者之所以会患癌，是因为他们拥有不良的生活习惯（比如吸烟），或者说是他们的基因不好。这组广告试图告诉人们，肺癌可以发生在我们任何一个人身上，每个人都应该为此做些什么，所以请捐款支持抗肺癌大业。*

* 三张图片中间的大字分别为："嬉皮士都该去死""爱猫的人都该去死""文身的人都该去死"。每张图右边的一片小字意为："如果他们得了肺癌。许多人相信，如果你得了肺癌，一定是因为你做了什么不好的事，咎由自取。这听上去有点荒唐，但许多人就是这么想的。肺癌不歧视任何人，你也不应该歧视任何人。施以援手，消除偏见，请访问网站。"——译者注

的意外情境引导至一个积极的方向。

综上所述，这类破坏技术既可以吸引人们的注意力，又可以让人们改变对当下情境的觉知。在视觉广告中，破坏技术使用广泛。比如，你可以在图片上呈现一些稀奇古怪的东西，让人感到不寻常即可。另外，许多出人意料的元素往往带有幽默色彩（幽默的关键点之一就在于出人意料，参见幽默技术）。不过，虽然意外元素和幽默元素联系紧密，但一个有效的破坏技术不一定非得是有趣的，只要足够意外即可。

注意，应用破坏技术也要有度，如果一个元素太古怪，或者让人感觉不舒服，就不好了。广告中的意外元素不能吓着人，不能恶心人，否则大家就都躲着这个广告走了，谁会愿意多看一眼？另外，你要传达给观众的必须是一个清晰肯定的信息，不然观众看了你的广告云遮雾罩了半天也不知道该干啥。再有，所有的意外元素最后都必须有一个合理的解释或可能的指导方向，否则大家白白意外了半天，也只好没兴趣了。

总结评价

- ☞ 破坏再重构技术起源于上门推销。
- ☞ 破坏再重构技术还常常应用于舞台催眠表演。它可以让被催眠者瞬间丧失防御，轻而易举地进入恍惚状态。

有效性
★★★☆☆

其他因素
★★★★☆

易用性
★★★☆☆

相关概念

情绪跷跷板（emotional seesaw）

前言不搭后语（foot-in-mouth）

吸睛（pique technique）

美国校园枪击案频发，比如著名的科伦拜恩（Columbine）中学枪击事件。这是一组关于校园枪击的宣传，触目惊心，引人注目。图中，一名小学生手持枪支，旁边是另外一个手握普通物品的同学，这个画面让人感到诧异，会让人们想要仔细看看这到底是在表达什么。图上方打出来的字幕给出了一个令人意外的描述，促使人们重新审视这张图，并做出回答。为了回答图中的问题，观众需要快速并强行转换自己的固有认知，这暂时性地降低了人们对广告信息的阻抗。不过要注意一点：如果一张图过于触目惊心，有可能会引发反弹效应。*

* 图片顶部的文字意为：“为保护孩子，美国禁止小孩接触某些物品。可有个小孩偏偏拿着违禁品。猜猜是哪一个。”上图下方的一行字意为：“因为小红帽的篮子里放了一瓶酒，我们就斤斤计较不让孩子再听这个童话，为什么却不在意杀伤性武器？”下图下方的一行字意为：“为了孩子的安全，我们不给他们买健达（Kinder）巧克力蛋，为什么却不在意杀伤性武器？”健达巧克力蛋是一种外层是蛋形巧克力，里面藏有玩具的儿童食品，美国人认为这有让儿童窒息的风险。——译者注

20　破坏与重构技术

I love to be single is looking for partner.

For all life's twists and turns:
Flexible financial plans.

 SwissLife

My career is the most important thing are my children.

For all life's twists and turns:
Flexible financial plans.

 SwissLife

这组广告中的文字语法错误严重，看起来前言不搭后语，却清楚地展示了破坏技术的用法。下面的小字对广告做了重构，它想表达的核心思想是，人的一生充满了变化。比如，以前你是单身贵族，后来你结婚了。或者以前你一门心思扑在事业上，可是现在你有孩子了，想以孩子为重。瑞士人寿保险公司（Swisslife）通过使用破坏技术来告诉人们，生活中总有各种各样的新情况，你需要为此做出新的理财计划。*

* 第一张图里的主体文字意为："我享受单身诚征伴侣。"第二张图里的主体文字意为："我的事业是最重要的事情是我的孩子。"图下部的小字意为："定制灵活理财计划，助你应对多变人生。"——译者注

103

21
比喻技术

笔胜于剑

比喻比说教更能打动人。使用比喻可以说是人类与生俱来的习性，有人曾估计过，英语使用者平均每说25个词就会用到一次比喻。比喻能够把不相干的事物和感情联系起来，这种联系强度很大，不是靠逻辑辩论能说服的。

使用比喻可以将我们的情绪和记忆过程简化，快速指导我们的行为。比如，一场比赛很"胶着"，我们就必须"全副武装到牙齿"，打破僵局；比如，国家经济"半死不活"，我们就必须尽快找到解决办法，给经济打一针"强心剂"；再比如，一个操作系统敢起名字叫"美洲狮（mountain lion）"[①]，那它肯定很强大，适应性好，效率高，并且应该比较有异域风格。

比喻就是要从两个不相关的事物中找到共性，并呈现给人看。至于什么是共性，完全取决于你的创造力，没有任何理论上的条条框框。你的比喻只要能激发观众的想象力和情绪，让他们认可这种共性即可。如果观众或听、或读、或看到一则比喻的时候抓不到任何共性，他们就无法理解这则比喻。而一旦观众明白了其中的共性，大脑就会不可避免地在两个事物之间建立联结，并且仅凭理智和逻辑辩论是无法破除这种联结的。

知名润滑油品牌埃索（Esso）从来没说过他们会真的在我们的油箱里放上一只老虎。可他们最著名的广告代言就是一

---

① 美洲狮是苹果公司推出的操作系统。——译者注

21 比喻技术

比喻就是要在两个原本没有关系的事物之间找出共性。两个事物之间的关系可以基于相关性("A 和 B 有联系")、相似性("A 很像 B"),也可以基于相反性("A 完全不像 B")。有时候,要理解一个比喻需要花费一点时间,不过一旦理解了,你就再也不能忽视比喻中创造出来的联系了。视觉比喻一般有三种主要的构成方法:邻近(两个挨着的图像)、融合(两个结合的图像)和置换(用眼前的图像指向另一个图像)。赛凯(Sekai)在广告图中间放了一只又大又壮的狮子,可这只狮子乖乖地蹲在那里等待被遛。广告左下角有一辆小车。通过邻近的方法,这张广告图创造出了一种联系,让人觉得那辆车拥有了图中狮子的特质(又有劲,又听话)。

百依（Bye）头盔的这组广告用置换的方法进行比喻。头盔被置换为手，一层一层的手以头盔的形态覆盖在头上，保护着敏感的头部，让人感到舒适、安全。这组图片营造出了一种信赖、保护的感觉。

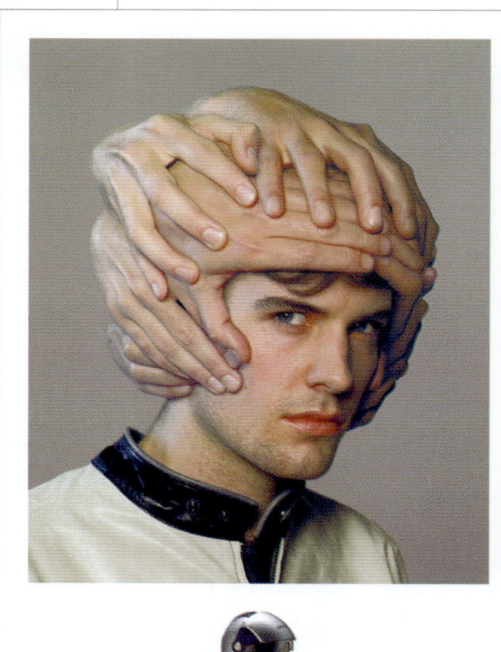

只老虎。这样一来，每当提到埃索润滑油，我们就忍不住将它和老虎联系起来，产生一种勇猛英武的感觉。比喻之美就在于，它对人的影响是在不知不觉间完成的。在广告中，比喻技术使用起来非常容易，你只需将世间一切美好的事物和你要推销的产品或服务联系起来就行了，别管这联系看上去有多瞎扯，尽情地联系就好了！

比喻中用到的文字或视觉元素一般都比较隐晦，若让人们判断一个比喻有没有问题，图片形式的比喻往往比文字形式的比喻更难判断。该现象或许可以用句法不确定性来解释。文字性语言往往比较有逻辑性结构，这样才能描述清晰，所以一旦有问题，就很容易被人看出来。可是图片形式的比喻往往更加隐晦，是对现实的变形，让人更难识别出其中的问题。因此，图片形式的比喻联结一旦形成，更加难以被逻辑反驳。

总结评价

- ☞ 如果想要把一个东西形容得积极一些，就使用那些活力生动的方式来做比喻（比如，"您的房价正在攀爬"）。而若要形容一个东西很消极，就使用死气沉沉的比喻（比如，"您的房价垮了"）。这样做可以让积极的事物看起来是尽在掌控之中的，同时可以让消极的事物看起来不那么恐怖。
- ☞ 比喻一定要用在句子或文段的开头。这样，这个比喻就可以作为提纲挈领的样板，指导你解释后面的信息。
- ☞ 在产品广告中，目前流行的趋势是多用"绿色"、有机、生态这类的比喻。汽车、电脑、笔这类的比喻则能够显示出人定胜天的伟大力量。

有效性
★★★☆☆

其他因素
★★★★☆

易用性
★★★☆☆

相关概念

  寓言（allegory）

  夸张（hyperbole）

  标签（labeling）

  明喻（simile）

21　比喻技术

在这组宣传图中，图片用比喻的方法回答了右上角的问题："你的垃圾去哪了？"随手扔掉的垃圾最终都会进到水里。这个图像比喻是将两个事物进行融合——用坚实的地面模拟了水波的形态。

22
执行意向技术

执行意向可以帮你一步一步达到目标

人们常常对参与某个活动表现出极大的兴趣,可真正付诸实践的没有几个。比如,你可能拥有一个比较抽象的目标——我想减肥。可是,你可能终身都怀揣着这个宏伟的目标,却总也行动不起来。你可能会拖延,也可能是觉得这事还没有那么紧迫,总之你会一次又一次地"骗"自己说:"明天,明天就开始行动!"执行意向就不一样了,它要求你必须为执行某项行动或目标(执行)制订计划(意向)。计划必须是具体的,也就是你准备在何时何地做什么事。比如,"今天下午5点,下班后,去健身房。"这样,你就可以很清楚地知道,自己到底有没有完成计划——因为这个标准很清晰,毫不模糊,毫无争议。

另外,有了具体的计划,你就等于给自己要执行的行为设定了一个时间触发线索(下午5点)。当时针指向5的时候,这个线索就提醒你,你该去健身房了。执行意向技术在指导行为方面应用广泛,并且效果持久。只要一个计划有可能完成不了,就都可以采用执行意向技术。该技术尤其适用于健康行为或环保行为。不过,如果一个行为本身对人就是巨大的奖赏,就用不上执行意向技术了。毕竟,没有人会借助外力来强迫自己坚持酗酒,坚持性交,或者坚持吃垃圾食品。

执行意向技术属于承诺技术的一种。承诺技术有许多形式,大多是帮助人们把对某个行为的积极态度转化为有意识的行动承诺。从理论上讲,执行意向也是一种承诺,但在实际

南非的德班市政希望人们节约能源,他们没有只提出"节约能源"这样一个空洞的口号,而是告诉人们节约能源的具体做法。为了提升人们执行意向的可能性,在这个宣传广告里,德班市政还加了另外一个元素:"我立誓要节约10%的能源。"让人们立誓就是一种承诺技术。把立誓和具体的实施方法结合起来,既做了承诺,又知道如何达成承诺,这就构成了一个颇为有效的执行意向的案例。*

* 宣传图的文字意为:"关闭电源,拔掉插头,节约能源。我立誓要节约10%的能源。"——译者注

应用当中,执行意向往往是一种连续的状态,是指人们要坚持执行的一组行动计划。行动计划的形式千差万别,小到一个简单的承诺(回答"好的"),大到具体的时间、地点、事件("今天下午5点我要去健身房")。只要能帮到你,都可以用。

广告面临的重大课题之一就是不能只是让消费者喜欢你的产品,还得保证他们会掏钱买你的产品。广告中可以展示精美的画面、漂亮的模特、划算的促销手段,这些都可以吸引消费者的注意力,但这些都是转瞬即逝的,消费者转过头可能就忘了。如果我们能让消费者在看广告的时候产生执行意向,他们之后执行购买行为的概率就大多了。即便广告已经放完了,甚至他们已经把广告本身忘了,执行意向产生的行动指导效果依然存在。

不过,这话说起来简单,用起来很困难。在单一的说服形式(比如广告)中,让人们产生执行意向是个巨大的挑战。可以结合一些别的技术来使用,比如权威影响("现在立刻计划一下,你应该什么时候到哪里去买")或者直接问问题("你准备什么时候到哪里去买呢?")。其实,只要广告能让人们在脑子里设想一下具体的购买行为,之后的购买概率就会大幅度

世界自然基金会在这组宣传画里应用了一个简单的执行意向技术，图中有一只北极熊，右下角有几个大字："点击鼠标，伸出援手。"除了文字告诉你具体该做什么，图片本身对此也有表达。鼠标箭头组成了北极熊生存所需的冰盖，暗示你如果想要给予帮助，就点击鼠标。

提升。执行意向技术在电子商务环境中用得很多，因为在网络中，实际的购买行为非常简单，只需要点击几下鼠标即可完成，这使得商家对消费者行为的控制和引导变得更加容易。

总结评价

有效性
★★★☆☆

其他因素
★★★★☆

易用性
★★☆☆☆

☞ 人们总是会对笼统的目标估计得过于乐观。设计出达成目标的具体步骤才是非常必要的。

☞ 最困难的是要让人们自发自觉地考虑到底如何实施行动。

☞ 对于那些与健康、环境、安全相关的行动来说，应用执行意向技术的效果尤为明显。

相关概念

承诺（commitment）

自我说服（self-persuasion）

美国食品安全组织发起了一项活动，希望帮助人们预防食物中毒。他们号召人们在保存和使用食材时采用安全合理的方法。可是如果仅仅把目标写成"我要用安全合理的方法保存和使用食材"，实在太空洞无力了。于是，该组织将具体的食物处理方法一步一步地写出来："厨师和食材一定都要保持干净卫生；不同种类的食材要分开保存；烹饪食物要保证一定的温度；有些食物需要正确冷藏。"这样一来，人们行动时就有章可循："为了避免食物中毒，我要依照以下方式处理食材：净－分－热－冷。"*

* 四张小图中的文字依次是："干净""分开""煮熟""冷藏"。下面的大字意为："不让好食材变质。"下面小字意为："了解具体步骤，访问网站。"——译者注

简单的执行意向步骤会让人觉得做起来很容易，所以更容易吸引人们的注意。看到图中这则信息，我们会想："等一下，这是在说什么？"接着我们就会发现，图里面说的那些步骤真的会造成一些后果——为了保护加拿大北部森林，下次去超市的时候，不要再买舒洁（Kleenex）纸巾了。**

** 图中文字意为："怎样摧毁加拿大北部森林：第一步，抽出一张舒洁纸巾；第二步，用纸巾捂住鼻子；第三步，使劲擤。"——译者注

23
互惠技术
投之以李，报我以桃

先来描述一个在超市中常见的情景：一名导购员热情地邀请你品尝一些食品小样，你没想太多就接受了。接着，你就感觉你得买这个食品。为什么会这样呢？

在上面的情景中，我们之所以品尝之后就觉得应该买，是源于人类的一种本能观念：接受之后就该回报。互惠，是人类最基本的社交原则之一，接受了别人的好处，本能就会驱使我们必须做点什么来回报人家。回报了之后，我们就能保持自己心中"付出—取得"的平衡，这正是健康的社交环境对我们的期待。不过，你付出了什么，并不意味着一定能收获完全相同的回报，两者之间是相互独立的。正因如此，互惠技术才有发挥的余地。有的时候，送人一个小礼物，就能得到对方极不相称的巨大回报。

互惠技术依赖社交规则。在生命初期，我们就不断地被灌输这样的概念，要对别人的付出予以回报，这样的社交规则深深印刻在我们脑海里。也正因如此，回报他人成了我们建立彼此之间理解信任关系的重要标志。赠送礼品是销售者同顾客建立长期联系的有效方法之一。有一些"礼品"成本低廉，但是收效颇丰，比如微笑、衷心的认可、友好的身体接触等。低成本的礼品当然也可以是实物，比如别针、笔、便利贴之类的。这些小礼品可以快速帮助你和对方建立起友好关系，但不一定能带来回报。要想得到回报，必须让对方感到你给他的礼品或者提供的服务很有价值，真的花费了你不少心思。

23　互惠技术

赠送免费样品是另一种广为人知的互惠技术的应用形式。你几乎可以在任何一种场合之中赠送免费样品,比如,在杂志里附赠一包去屑洗发露小样,彩票网站送你一次免费投注的机会,订杂志的话第一本免费送,或者更常见的,超市免费送你一小瓶橄榄油。当然了,赠送样品的主要目的之一是想让消费者体验一下产品,希望消费者觉得:"哇,这种橄榄油吃着真不错,我准备再买 10 瓶。"另外还有一层用意就和互惠有关了:"他们都免费送东西给我了,我也该向人家表示我很感谢他们送来的东西。"

应用互惠技术的例子很多,常常被引用的一个例子是关于哈里·奎师那(Hari Krishna)的追随者的。他们会对你说:"我送你一枝花,请你为我们捐款。"注意,互惠不同于奖励。奖励的意思是:"如果你为我们捐款,我就送你一枝花。"两者的区别是,谁首先施惠。在互惠技术中,进行说服的一方必须先施惠。1999年,美国最高法禁止在机场从事这种形式的募捐活动。

接受者对施惠者的喜爱程度会对回报行为有一定的影响，但不是必须的。Dennis Reagan 的经典实验显示了这一点。在实验中，研究者免费送给被试一杯便宜的汽水，结果被试从他那儿买彩票的概率增加了一倍。实验后，被试评价了对研究者的喜爱程度，结果发现，喜爱程度和他们购买彩票的概率没什么关系；而他们在多大程度上感到自己有必要回报研究者的好意则影响了购买彩票的行为。还有一点很重要，实验结束后经过计算发现，被试买彩票花的钱比研究者给他们买饮料花的钱多得多。其他关于互惠行为的实验也发现了类似的现象。这说明，在送出一些小礼物之后，得到的回报远比花费的成本多得多。

总结评价

- 礼品要在最开始就送出，不能等到卖完东西再送。
- 礼品可以是任何形式的：优惠券、积分、折扣或者个人定制的小礼品等。
- 你越能让对方感到这个礼品是你出于个人友好目的赠送的，对方越有可能给予回报。
- 你赠送礼品时必须看上去既诚恳又可靠，让人觉得你是不图回报的。
- 互惠的反面是互虐，如果你对对方做了不好的事，对方也可能会加倍奉还！

有效性
★★★☆☆

其他因素
★★★★☆

易用性
★★☆☆☆

相关概念

独裁者和最后通牒博弈（dictator & ultimatum game）
博弈论（game theory）
社会规范（social norms）

24
妙词技术

有些词自带光环，让人难以拒绝

马丁·路德·金（Martin Luther King）是一名伟大的雄辩家、演说家，是人类的精神领袖。他极其擅长使用一些词汇来激发人们强烈的情绪。这使得他的演说极富煽动性，令人难以辩驳。他喜欢反复提到一些关键词汇，比如，"平等""自由""正义"等，在他的许多演讲中都能看到这些词汇的身影。这些词汇是人类的普世价值，马丁·路德·金用这些词汇传递他的理念和信仰，令其极具吸引力，极具道德感。如果一种理念能让社会更平等，谁会反对呢？如果一项措施能让人类更自由，谁会不赞成呢？反过来也一样，有些词汇可以高度概括坏人坏事，像"十恶不赦""罪大恶极""千夫所指"等。谁愿意成为"千夫所指的人"呢？为什么要支持"十恶不赦"的事呢？

妙词，包括正面的和负面的。正面的妙词描述的是绝对积极和美好的事物。妙词的概念是 Kenneth Burke 提出的，他当时举了几个例子，比如"进步""民主"这样的词汇。负面的妙词，或者可以直接称为"恶词"，则描述了最糟糕、最丑陋的事物，比如"恐怖分子""伤风败俗""不平等"之类的。在政治选举、战争动员、广告营销或者任何形式的双方对抗中，一方都会抢先占领道德高地，把自己的行动描述为天命所归，并把各种乱七八糟的恶词往对方身上丢（尽管他们可能跟对方干的是一样的事）。

其实，妙词的使用不一定非要在那么宏大的情景中，许多词汇本身就自带或积极或消极的属性。这些属性大多与人类

24 妙词技术

HAPPY
LOVE
AMAZING

NEW
SAVE
WONDERFUL
STRENGTH
PASSION **JOY**
WINNER

这一簇词汇全都是妙词。看到这么多美好、有力、积极的词，简直就是给大脑做了一次美妙的按摩。如果你的品牌能和这样一簇妙词产生联结，简直就能统治世界了。*

* 这一簇词全都是积极美好的词汇，比如幸福、爱、希望、快乐等。——译者注

这张用杰克·丹尼（Jack Daniels）威士忌的品牌标记做的广告出色地运用了妙词技术。其中的标语"自由是一种权利，独立是一种选择"，在两句话里大比例地塞进了许多妙词（一共就 8 个词，却包含了 4 个妙词），传递出一种积极豁达的生活态度。自由、权利、独立、选择，所有人都喜欢这些词，所有人都会被这些词感染。当你阅读这条标语的时候，你仿佛体验到了一种人生哲学。可是，仔细想想，它到底在说些什么呢？买来威士忌大喝一顿真的能让你走上人生巅峰吗？

自身的欲望、需求、恐惧等本能情感息息相关。比如，你要卖一款洗涤剂，你可以说它具有良好的清洁性，也可以说它能让我们更健康、更安全。这两种说法带给人的感觉是不一样的，后者与人类在环境中寻求安全的本能需求相联系，带给人更积极的感觉。一切能够引发观者强烈需求或恐惧的词都可算得上是妙词。

下面给出一些例子：

- 友谊、爱、联系、支持（归属的需求）
- 健康、保护、防御、保卫（安全的需求）
- 聪慧、漂亮、美丽、魅力（自尊的需求）
- 自由、选择、价值、个人主义（自主的需求）

妙词技术在广告中经常可以见到。选词可以说是每一个广告创意者的核心任务。如果能够找到一个词，完美地概括产品特点，准确地传递品牌特质，那简直太棒了！从本质上说，妙词技术是一种调节形式。当一个内涵丰富的词汇和你的品牌产品相结合时，品牌原有的特质就被放大了。

总结评价

☞ 妙词和恶词都和人类的需求相关。使用这类词汇能够激发目标人群的特定需求。

☞ 如果使用流行语作为妙词，影响效力会随时间衰减。

有效性
★★★☆☆

其他因素
★★★☆☆

易用性
★★★★★

相关概念

曲笔技术（doublespeak）

应许之地技术（promised land）

通过问卷询问人们
对广告影响力的看法，
结果大部分人都认为，
广告肯定有效，
只是对他们没效。

艾瑞克·克拉克（Eric Clark），记者、作家

25
涉性技术
黄段子真的好用吗？

广告创意绕不开涉性元素的使用。这是最常用的提升产品销量的手段。自20世纪80年代以来，涉性广告的数量持续上涨。截至2003年，大约50%的广告中都包含不同程度的涉性场景。这种趋势估计在未来还会继续。

我们必须明确一点：涉性的画面几乎可以轻而易举地抓住所有人的注意力。但我们还不太清楚，这些涉及性暗示的广告是不是能将产品卖得更好。你可能觉得，关于这一主题，前人肯定做过大量的研究。然而奇怪的是，这类研究真的没多少，而且近些年还在逐年减少。这可能是因为科学家们都希望研究一些"上得了台面"的课题吧。另外，在这些为数不多的研究中，绝大部分还都测量的是人们对涉性广告的注意程度，以及之后对产品的记忆程度，只有几个研究测量了看过广告之后的消费者的购买意向，而几乎没人关心实际的购买行为。所以，涉性广告到底有没有用，目前还存疑。不过，关于涉性技术的应用，支持和反对的声音倒是都有一些。

首先，广告中的涉性元素是一把双刃剑。它确实能吸引眼球，但吸引到的往往是人们对于涉性元素本身的注意（另见幽默技术）。这意味着，涉性广告的确比别的广告更引人注目，但人们更加记不住它所宣传的产品。涉性元素会分散人们对产品的关注。

其次，关于涉性元素的评价有性别差异。性元素越外显，男性对广告的评价越高。而女性的评价趋势呈倒 U 形曲线，也

25 涉性技术

这是用蔬菜来做性暗示。格莱德（Glide）刮毛刀专为年轻男士设计，于是我们在广告中看到了香蕉、茄子、西葫芦。广告中的宣传语是："年轻女士都喜欢刮干净的男人。"这句话一下子把图中的蔬菜水果都概括成了涉性含义。"年轻女士都……"这几个字还涉及了社会认同技术，让男士们感到自己必须把阴部刮得干干净净，收拾得体体面面。*

* 带刺圆圈中的字意为："年轻女士都喜欢刮干净的男人。"图底的一行字意为："年轻男士的刮毛刀。"——译者注

125

观众一看到这则广告，就会立刻联想到性。这场景看起来很刺激，很吸引眼球，但是如果你真的往自己身上倒一堆又酸又稠又凉的牛奶，这事究竟能有多性感？再说，这个广告也并不是一个牛奶广告。老卡其（Old Khaki）其实是一个南非的时尚品牌。

就是说，她们对中等程度的涉性广告评价更高，而对具有高度性意味的广告评价反而降低了。另外，近年来，人们对涉性广告的阻抗越来越高，在广告中加入性元素的风险也越来越大。

最后，如果你的产品与提升性魅力有关，涉性元素才会比较有用。所以，到底要不要使用涉性元素，你需要搞清楚消费者买你的产品是用来做什么的，是不是为了更好地塑造自己的性感形象。再次强调，即便涉性元素有用，也只是作用于吸引消费者的注意力，提升消费者对产品的评价，并不意味着能够影响消费者的实际购买行为。

本书中提过许多种促进注意的外围加工模式的技术，涉性技术也是其一，尤其是当广告中的涉性元素和产品本身关系不密切时，你很难指望消费者认真检视你的广告内容。并且，一旦人们认真阅读了广告，就会发现涉性元素只是一个噱头，这反而会引发人们的反感。

总之，涉性广告并不能大幅度提高产品销量，现在不会，将来也不会。另外，由于大部分广告其实都包含涉性元素，所以普通的涉性广告根本没法从大量的广告洪流中脱颖而出。要想真正靠涉性技术被人注意，通常得用上极度外显露骨的性画面，但这样一来，你的广告就容易越界，落入"冲击广告"（shock advertising）的范畴（你就得承担"冲击广告"带来的所有副作用）。因此，应用涉性技术时，一定要把道德伦理问题和公众的接受程度考虑在内。

总结评价

- ☞ 如果使用性暗示图片做广告，产品就必须和这个图片内容直接相关。
- ☞ 对于男性来说，涉性图片会吸引他们的注意，让他们产生兴奋，他们会更容易记住图片，并对图片做出积极的评价。
- ☞ 涉性广告对购买行为的影响尚存争议。

有效性
★★★☆☆

其他因素
★★★☆☆

易用性
★★★★☆

相关概念

吸引力技术（attractiveness）

幽默技术（humour）

26
权威技术

权威人士发话了，大家怎能不信服？

权威指的是一个组织或个人呈现出来的某种社会地位，也可以指特殊领域中具有专业知识的专家学者。概括说来，一个人可以利用自己的任何优势，比如社会地位、年龄、身份、经验、性别、能力等，来影响那些相对处于劣势的人群。许多广告都邀请明星来对他们的产品或服务大肆吹捧。在传统观念里，明星并不是什么领域的权威，但他们拥有广大的粉丝群，所以他们具有相对优势的社会地位。

我们从小就知道，乖孩子要听家长的话；长大之后我们明白，多听前人的经验能够少走弯路。可是，这样的思维模式也会有意想不到的副作用。如果我们特别信任一个人，就容易把他的话当作真理。大量的研究已经证明，我们对于专家或权威人士的话极其敏感。（影响领域的大师 Robert Cialdini 甚至宣称，权威技术是影响领域的六大神器之一。）

商业机构经常利用人们的这种本能的信任心态。他们在广告中大肆强调代言人的学术背景，让代言人穿上实验室的白大褂，或者穿得西装革履，总之尽一切可能让广告中的人物看起来可信，然后让他们售卖各种产品，比如，牙膏（十来个牙医共同推荐）、洗涤灵（穿着白大褂的科学家做不同牌子的对比实验）、咖啡机（知名的好莱坞品鉴师推荐）等。所有的广告商都深知，我们在潜意识层面都对权威有着天然的信任，所以他们使用各种符号来塑造权威，激发我们的信任感，从而买他们的产品——尽管很多时候这些权威形象根本就是假的。

26 权威技术

像莱昂纳多·迪卡普里奥（Leonardo di Caprio）这样的名人也能向人们传递权威感和信赖感。名人可以通过社会舆论和媒体曝光来获得社会地位，不一定要靠学历或经验。这一点和医生、科学家们的权威形象不同——广告里的医生和科学家几乎不代表真正具体的某人；而名人可是通过自身获得影响力的，他们借助的是属于本人的价值和特性。*

* 图片右上角文字意为："卡莱拉（Carrera）50 周年。"右下角文字意为："一起保护地球。莱昂纳多·迪卡普里奥与泰格·豪雅（TAG Heuer）携手，响应绿十字全球倡议。了解更多请访问网址。"——译者注

第二次世界大战后,烟草公司一度经常使用权威人士来做广告。军官、科学家、教育家甚至医生都被描画成悠闲自得的吸烟者,以此向人们宣扬吸烟是很好的。你想想,如果连医生都吸烟,肯定说明吸烟是安全的,对不? 在骆驼(Camel)牌香烟的这则广告中,就有一个完美的医生形象——聪慧、优雅、体贴。*

* 图中间的大字意为:"根据最近的一项全国调查,医生们吸得最多的就是骆驼牌香烟。"图片左上角的文字简单介绍了图中这名正在吸烟的优雅的医生。图片左下部介绍了关于医生都吸骆驼牌香烟的调查。右下角用T区说明了骆驼牌香烟的两个好处: 口味好(Taste)、对嗓子好(Throat)。一语双关,既表示面部的T区,又取了这两个好处的首字母。——译者注

洗衣粉之类的清洁产品非常喜欢让"权威人士"做广告。在广告中,模特们穿着白大褂,胸前别着姓名牌,口袋里插着笔,这些符号凑成了权威的形象。*

* 图片上方文字意为:"荷兰人民第一选择。"下方文字意为:"赢取一年免费洗衣机会。"——译者注

26 权威技术

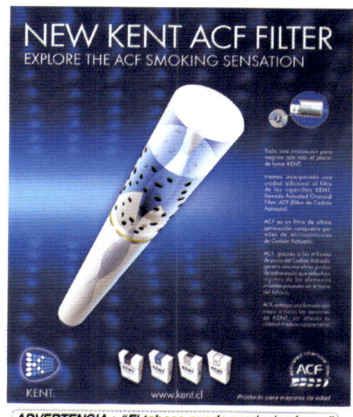

放一张看似高科技的结构图，也能造成权威感。上面就是一张健牌（Kent）香烟的专业数码立体透视图，你只要看上一眼，就会立刻觉得特别真实可信。健牌香烟还把自己的活性炭滤嘴（Activated Charcoal Filter）特意写成缩写形式 ACF，看起来就更加高科技了。广告上还写了一些其他内容，比如"创新""新一代滤嘴"，共同支持和营造这种高科技的感觉。*

* 图片上方大字意为："最新的健牌 ACF 滤嘴，探索 ACF 带来的吸烟感觉。"——译者注

在理智上，人们都觉得权威技术已经过时了，可是在潜意识层面，权威对我们的影响程度跟几十年前没有区别。权威技术的没落只有一个原因，那就是随着时代发展，人们的自我意识越来越强，每个人都希望独立自主地做选择。从这一角度来讲，权威技术确实过时了。

总结评价

☞ 使用权威技术时，要确保权威形象和他所传达的信息相匹配。

☞ 若使用不当，权威技术可能引发观众的阻抗，甚至发生逆反行为。

☞ 使用一些微妙的视觉符号来营造权威形象，可以有效地唤起权威导向效应。

有效性
★★★★☆

其他因素
★★★★☆

易用性
★★★★☆

相关概念

代理（agency）

米尔格拉姆实验（Milgram experiment）

道德推脱（moral disengagement）

斯坦福监狱实验（Stanford prison experiment）

终极词汇（ultimate terms）

27
损益技术

担心失去就会挺而走险,期待收获就会保守稳健

假设一个产品能帮助消费者获得可能的收益,也有可能帮助他们避免可能的损失,那么做广告的时候,到底要不要向消费者强调这一点呢?这就是关于损益的问题。两名决策领域的著名学者 Kahneman 和 Tversky 曾对此做了全面深入的研究。下面通过一个经典的实验来说明这个问题。假设有 600 个人被恶性疾病感染,现在有一些不同的治疗方案。研究者设计了积极和消极两种场景,分别要求被试从 A 和 B 两种治疗方案中选择一种。

条件	治疗方案 A	治疗方案 B
积极场景,强调获益	救活 200 个人	有 33% 的概率能救活所有人,有 66% 的概率一个人也救不活
消极场景,强调损失	400 个人将会死亡	有 33% 的概率没人死亡,有 66% 的概率所有人都死亡

在积极场景中,超过 70% 的人都选择了治疗方案 A,而在消极场景中,超过 75% 的人选择了治疗方案 B。这样的结果说明,如果信息是积极的,那么人们更愿意寻求安全的行为(治疗方案 B 给人的感觉是所有人都死去的概率很高),而若一个信息是消极的,人们就更可能冒险(确定的死亡听起来太

27　损益技术

一些号召人们选择健康生活方式的广告往往采用损失模式进行宣传。广告会说，长期进行问题行为会让我们生病，甚至死亡。这张广告就是如此。图中的宣传文字是这样说的："不是你在吸烟，是烟在吸你。"

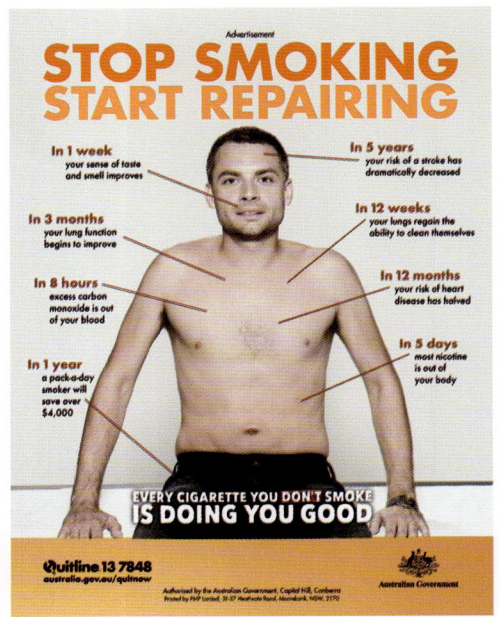

这组广告就和前面那张广告正相反,采用获益模式进行宣传。图中的宣传语是:"停止吸烟,开始修复。"其中一条条列出了戒烟能够带给你的好处,从戒烟8小时至戒烟12个月,好处都能看得见。*

* 图中顶部的文字意为:"停止吸烟,开始修复。"底部文字意为:"每少吸一根烟,你就会变好一分。"女性图片从左到右列文字依次是:"戒烟1周,味觉和嗅觉提升""戒烟3个月,肺功能开始恢复""戒烟8小时,血液中过量的一氧化碳开始排出""原来1天1包烟,戒烟1年,你省下了4000美金""戒烟1个月,皮肤状态变好""戒烟5天,大部分的尼古丁已被排出体外""戒烟12个月,患心脏病风险降低一半""如果你在备孕,现在开始戒烟,会让早产的概率降低到和不吸烟者一样"。
男性图片的文字只有右列的第一、二段和女性图片不同,依次意为:"戒烟5天,中风的风险显著下降""戒烟12周,肺部重新获得自洁的能力"。——译者注

吓人了，治疗方案 B 至少还有救活所有人的可能性）。事实上，在不同的场景中，两个方案是完全一样的（肯定救活200人和肯定死掉400是一样的），唯一不同的就是人的心理感受。于是我们又要重提那个已经被说滥了的结论了：人类常常被情绪驱动，不受理智控制，这会导致人类产生认知偏见。

你希望消费者采取的行为是追求风险的还是回避风险的呢？你需要评估，并据此设计广告的损益模式。比如，若你想让消费者购买比较昂贵的东西，或者进行大额的投资，像是买房、买股票这样的，那么最好强调获益。若你希望消费者维持现状或进行灾难防控，像是投票支持保护法案、缴纳各种费用之类的，那么聚焦在损失上的效果更好。

总结评价

- 损益技术的有效性取决于人们是否认真阅读并加工了信息。
- 损益技术和恐惧诉求技术一样，都必须在吓唬人之后给出一个明确的解决方式，指导人们的行动（见执行意向技术）。
- 在其他条件都相同的情况下，人们还是更喜欢安全的事物，这叫作"确定性效应"。
- 不过，相比收益，人们还是对损失更为敏感。若处在损失情境下，人们会尽一切可能来避免损失。

有效性
★★★☆☆

其他因素
★★★☆☆

易用性
★★★☆☆

相关概念

展望理论（prospect theory）

调整性匹配（regulatory fit）

增强理论（reinforcement theory）

现状偏见（status quo bias）

这组宣传画主要强调了戒烟后的经济获益。图中显示了你若不抽烟,每年省下来的钱都能买什么。有一个现象其实很有趣,你可能已经发现,生活中的大部分戒烟广告都在强调吸烟会让你损失什么。但其实,获益指向的广告才更有效,因为它不太会像损失指向的广告那样激起人们的反感。

27　损益技术

28
近因和首因技术

在一组信息中，第一条和最后一条对人的影响最大

近因效应和首因效应是一种简单的认知现象，都属于系列位置效应，这些效应描述起来很容易。如果最先呈现的信息对人的影响更大，就叫作首因效应。如果最后呈现的信息对人的影响更大，就叫作近因效应。在日常生活中，这类效应你一定经常见到。不过，它们的作用机制是什么？到底是首因的影响更大，还是近因的影响更大？在什么条件下，这些效应会发生？对这些问题你可能还不太清楚。

最初，研究者们是在进行记忆研究的时候发现系列位置效应的。他们报告称，在顺序呈现的一系列单词和数字中，第一个和最后一个最容易被记住。之后的许多研究表明，系列位置效应在商业广告中同样存在。

关于此现象有个最基本的解释。最先呈现的信息只会被后面的信息影响（倒摄抑制），最后呈现的信息只会被前面的信息影响（前摄抑制），而在中间的信息却会被前前后后所有的信息影响，当然不容易记住。

首因效应和近因效应的强度是等同的吗？有人认为，若你加工信息的动机比较强，首因效应更明显。第一条信息就好比设置了入门的门槛，你看到后面的信息时会不自觉地跟第一条做比较。与此对应，若你加工信息的动机比较弱，近因效应就更明显。另外，如果信息量特别大，或者信息呈现的速度特别快，近因效应也会强于首因效应。在这些情况下，你不会刻意重视这些信息，或者即便你想重视，也因速度太快而来

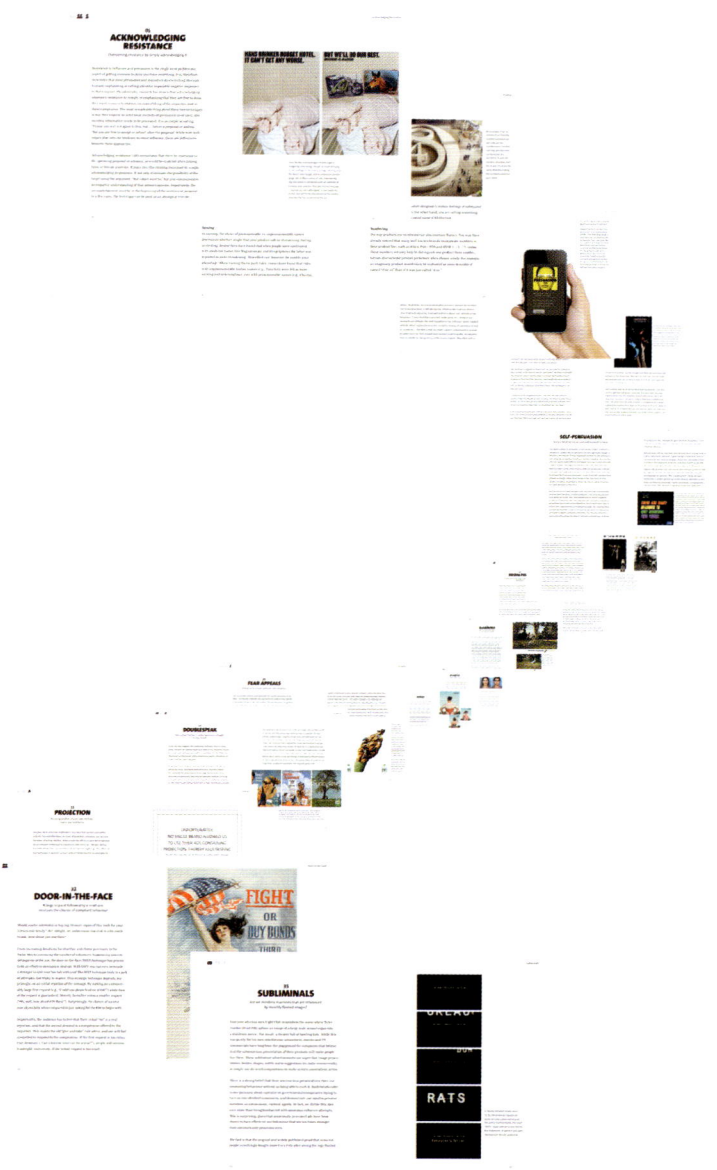

这是本书中所讲的影响力技术，你可以看看，在其他条件都相同的情况下，哪个或哪些技术给你的印象最深刻。你可能发现，对开头和结尾的几个技术你记得最清楚。如果你现在只记得承认拒绝技术和阈下技术，那你可能只是把这本书从头到尾快速浏览了一遍，还没有仔细看。（你肯定错过了本书中许多精彩的部分！）

不及辨别。这时候，最容易被记住的当然是最后一条信息，它对你的影响自然也就最大。这提示我们，在电视或者杂志上做广告的时候，呈现位置很重要，你要仔细考虑到底把广告放在第一个还是最后一个。

有一种方法可以把首因效应和近因效应放在一起同时使用，那就是现在品牌宣传中很流行的"产品预告"。具体做法是这样的：前期，先只强调产品的突出优点，让消费者形成强烈的期待；中期，全面介绍产品的各种性能，尽量详细，有点枯燥也没关系，这些信息本来就属于常规特性，需要消费者仔细查看，但是在前期的造势之后，常规特性也显得优越起来；等到产品正式发售，购买通道开启，就最后再给出一个提示信息，可以加上一些外围线索（比如，使用权威技术或互惠技术），也可以附送惊喜礼包之类。最后这个提示信息能再次加深消费者的产品记忆，这个记忆是笼统而积极的。这样，近因效应就和首因效应完美地融合在了一起。近些年，智能手机新机型的发售宣传常常采用这一思路。

不过，首因效应和近因效应的实际效果在不同条件下大相径庭，很难提前预估。某项研究在分析了大量的电视广告之后发现，系列位置效应在提升记忆和影响行为方面的贡献率在1%~30%。在许多国家，不同的广告位有不同的价格。投放广告的时候，要综合考虑一天中的时段、信息的内容和重要程度、一组广告的数量和观众加工信息的动机，来综合考虑性价比，再决定购买什么样的广告位。最后送你一句话：第一印象很持久，最新印象很牢固。

总结评价

☞ 假如你有自由选择的机会,那么如果人们都在认真观看,你就第一个上台;如果人们都没太留神,你就最后一个上台。

有效性
★★★☆☆

其他因素
★★★☆☆

易用性
★★☆☆☆

相关概念

注意衰减假设(attention-decrement hypothesis)

不一致打折(inconsistency discounting)

睡眠者效应(sleeper effect)

系列位置效应(serial position effect)

29
恐惧诉求技术

激发人们的恐惧，就可以让他们服从

恐惧是原始脑最基本的情绪之一。在整个人类的进化历程中，恐惧驱使我们远离环境中的种种危险，让种群得以保留。面对恐惧时，我们会产生一些本能的应对方式，也就是著名的"战斗或逃跑（fight-or-flight）"反应。

在许多有关社会行为的宣传广告中（比如，号召人们不要吸烟，不要危险驾驶，不要进行无保护的性行为，不要酗酒，等等），都可以看到恐惧诉求技术的影子。基本上，这类广告都会强调危险行为带来的灾难性后果，有生理层面的后果，也有心理层面的后果。它们还会通过宣传语直接给出应对危险行为的方法（比如，"现在就戒烟！"）。有时，这些广告还会强调，观众和广告中遭遇灾难后果的那个人是一样的，这让观众很难忽略这么恐怖的信息（"像你这样的青年大学生，有90%的概率死于……"）。

政府宣传和公益广告特别喜欢应用恐惧诉求技术，但研究表明，该技术也是有缺点的。如果广告中引发的恐惧太强烈了，人们可能会产生"逃跑"反应（不看这个广告了），或者"麻木"反应（不理解广告中传达的信息）。

恐惧诉求技术之所以有问题，是因为人们的本心都喜欢良好的感觉；没人喜欢看着一堆负面信息，被吓唬着去做什么事。这方面最经典的例子就是香烟盒上关于吸烟有害健康的警示（比如，写一句"吸烟的人死得早"）。神经影像研究发现，当给吸烟者呈现类似的警语时，他们大脑中的奖赏中枢

29 恐惧诉求技术

居然被激活了，这可能是因为这些警语已经与吸烟行为形成了联结。这实在是讽刺，原本用来吓唬吸烟者的警语竟然让他们吸烟吸得更凶了。

使用恐惧诉求技术，不能仅仅摆出一堆吓人的后果就完事了。若希望该技术管用，最关键的是要提供一套清晰简便、可供执行的操作方案（参见执行意向技术），用以解决那些恐怖的后果。实用的解决方案能让人产生自我掌控感。解决方案越简单，效果越好。比如，"勤洗手"（预防病毒感染）、"红灯停"（避免交通事故），等等。研究表明，自我效能感越高，对执行解决方案越有自信（我能戒烟），越相信自我保护行为

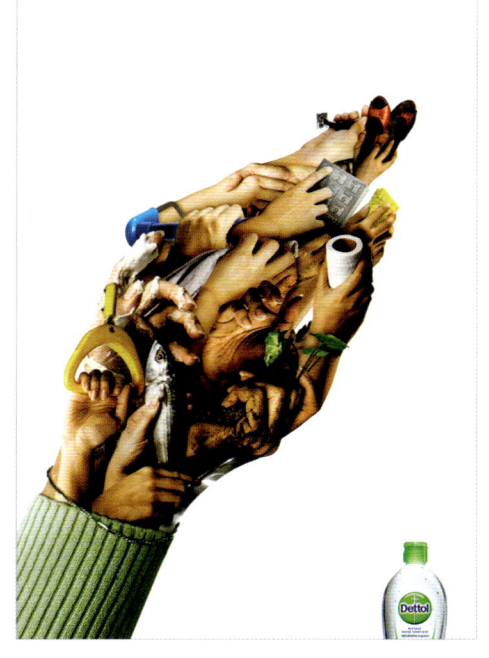

这是恐惧诉求的经典案例。你永远不知道，也永远不想知道，你的手都摸过哪里，都摸过什么。你摸过的东西全都布满了细菌。滴露（Dettol）广告不需要向你解释，你应该怎么避免这种被细菌沾染的恐惧，只要展示一下自己的品牌，你就会立刻明白，用滴露，你的脏手立刻就会被洗白白。这样的恐惧（脏手）与品牌特质（卫生）之间具有强大的匹配性。

143

可以避免灾难的发生（我相信，戒烟就能不得肺癌），恐惧诉求技术的应用效果越好。

总的来说，使用恐惧诉求技术有风险。满足以下四个条件时，该技术才会有效：(1) 人们认识到灾难后果很严重；(2) 人们觉得灾难与自身息息相关；(3) 人们拥有高水平的自我效能感；(4) 人们相信，采取了新行为就能有效避免灾难或降低灾难后果发生的可能性。

总结评价

有效性 ★★★☆☆

其他因素 ★★☆☆☆

易用性 ★★★★☆

- ☞ 要向人们强调，他们的行为能够预防恐惧的发生，要提升他们的自我效能感。
- ☞ 应用恐惧诉求技术之后一定要给出一个解决方案，这个方案要尽可能简单易行。
- ☞ 信息不要太吓人，不然会让人产生自我麻痹，从此回避类似的信息。
- ☞ 恐惧诉求技术多用于与健康相关的宣传，如果是纯商业广告，用起来可能有道德风险。

相关概念

情绪跷跷板（emotional seesaw）

拓展平行处理模型（extended parallel process model）

冲击广告（shock ads）

29 恐惧诉求技术

这组"别给司机打电话"的宣传画看起来是用到了经典的恐惧诉求技术，但其实更为高级。在这里，恐惧元素很明显：司机开车时如果打电话，就可能酿成血溅当场的大事故。不过，这里面还涉及一个交互元素。如果你是一个好妻子，你就不该在丈夫开车的时候给他打电话，让他身陷险境。这是因为，许多人开车时打电话都是在和伴侣聊天，所以，这组广告不仅是给司机看的，更是给那些爱给司机打电话的人看的。

30
曲笔技术

"战争即和平！自由即奴役！无知即力量！"
——乔治·奥威尔（George Orwell）

正如本章标题下面那句话所展示的，曲笔技术就是把假的说成真的，把黑的说成白的，极大地扭曲了词语的本意。使用该技术的人刻意混淆信息，操控人们对现实的认识，从而达到自己的说服目的。

人们在看到威胁性的词汇时（比如"战争""谋杀""重税"），会本能地产生反感。用积极的方式重新表述这些词汇则会显著降低人们的不安，让人们更容易接受这些事实（比如，把上面那三个词换成"自由行动""送他见上帝""增加财政收入"）。你懂的，人类总是跟着感觉走，理智常常派不上用场。广告商和政治家们了解这一点，他们特别喜欢使用曲笔技术，把事实说成有利于他们的样子。如果环境中处处是这样伪装出来的假象，我们就会陷入一种"我很安全"的错觉，会觉得社会无比友善，人人都有一个灿烂的未来。这让我们注意不到那些真正重要的事实，整天沉溺于吃喝玩乐之中。

使用曲笔技术可以达到许多目的，以下试举几例：

1. 鼓吹某种产品神乎其神的效果
2. 政治正确，避免冒犯别人
3. 顾及颜面，把失败说成是成功之母

问题是，我们真的希望生活在一个看似安全、实则虚假的世界中吗？这很难讲。实际上，在不知不觉中，曲笔技术早已融入了我们生活的方方面面。许多日常用语就是经过美化的说法，它们所指代的事实远没有听上去的那么美好。有人甚至宣称，要求人人都使用委婉语就是民主社会的本质。解释一下：在集权社会中，独裁者能够控制人民，个人的想法和感受是不重要的，所以也不需要什么委婉语；而在民主社会，人民不能被蛮力操控，只会被语言和情感影响。曲笔技术很有效，你很难说那些美化事实的人在说谎，毕竟，一个事实可以有多种解释，人家只是凭自己的主观经验做了描述，就算是谎话，也是诗意的修辞！

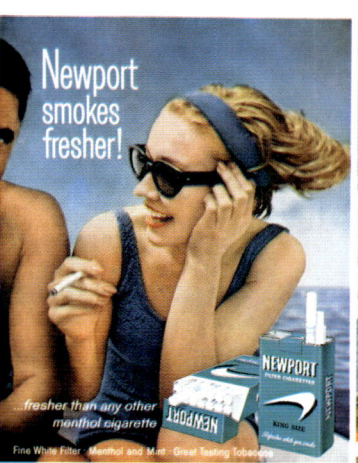  

香烟广告总是能够成功地混淆一些关键概念，让人们丧失对现实的判断。这组广告中运用了"春天""清新"这样的词汇，展示了幸福的夫妻在自然风光中尽情享受烟草带来的快乐与放松的感觉。这会让人形成一种错觉，觉得吸烟是健康的，觉得吸烟甚至能够让你的味觉变得更敏锐。*

* 第一张图是新港（Newport）香烟的广告。图中的大字意为："新港香烟更清新！"下面的小字意为："比任何薄荷烟都清新。"第二张图为 L&M 香烟的广告，红色大字意为："和 L&M 一起，开始清新之旅。"中间白框大意为："持续吸烟，保持口气清新。"第三张图为沙龙（Salem）香烟的广告，中间的大字为："春天"。下面的小字意为："每一口沙龙烟，都有春天的气息。"——译者注

曲笔技术最终的目标就是引发人们的"双重思想"（这是奥威尔在他著名的反乌托邦小说《1984》中创造的概念），让人们不仅把谎言当成真实，还觉得谎言是积极的，是必要的。曲笔技术最大的问题就是，它把假话当成真话来说。许多广告就是这样颠倒黑白，他们会在一开始吸引人们纷纷购买他们的产品，最后却证明当初说的都是一派胡言。所以，如果谁想使用曲笔技术来说服别人，最好再考虑考虑，看看还有没有别的方法。

想要见识一下曲笔技术的魅力，可以去看看福克斯新闻（Fox News）频道，它致力于把新闻访谈电影片段剪辑成纯粹的右翼视角。

曲笔技术利用的是谎言和歪曲的事实。我们绝不支持任何人使用曲笔技术，但我们将它写在这里，是希望读者更清楚地认识它。

总结评价

有效性
★★★☆☆

其他因素
★★☆☆☆

易用性
★★★☆☆

- ☞ 曲笔技术真的不太道德！
- ☞ 曲笔技术在日常语言中太常见了，所以我们很难识别出来。
- ☞ 人们一旦习惯了被曲笔技术修饰过的词汇，这些词汇的意思就变成真的了。

相关概念

商业谈判（business speak）

委婉语（euphemisms）

官话套话（gobbledygook）

黑话（jargon）

宣传（propaganda）

这组香烟广告强调的是吸烟可以减肥。另外,吸烟还能保护嗓子,让心情平静,还能有效预防咳嗽。*

* 这是好彩牌香烟的广告。第一张图顶部文字意为:"友情建议:当你忍不住想放纵自我的时候,赶紧来一根好彩牌烟压压惊。"第二张图顶部文字意为:"这就是5年以后的你吗?当你忍不住想放纵自我的时候,赶紧来一根好彩牌烟压压惊。"两张图底部的小字都强调了好彩牌香烟的诸多好处。——译者注。

31
投射技术

恶人先告状，恶人就成了好人

假设当地的海鲜市场有两个小贩，他们卖的鱼都不新鲜。这时候来了个顾客，其中一个小贩告诉顾客说另外那个小贩卖的都是死了很久的鱼！猜猜会发生什么？在影响领域中应用投射技术，用一句俗语来形容就是"五十步笑百步"。我们所指责的别人的错误，往往就是自己的。这样做的结果是人们会喜欢那个先站出来指责的人，而去责怪那个被指责的人。这时候，被指责的人如果还想用相同的理由还击（"才不是，你的鱼才死了很久！"），就显得特别不可信。

心理学中的投射是由弗洛伊德提出的，所描述的范围更广。弗洛伊德将投射形容为一种防御机制：我们会把自己的错误、罪恶、恐惧以及各种不能接受的东西投射到别人身上，来否认自己拥有这些糟糕的东西。弗洛伊德认为，投射是一种潜意识过程，能够阻止负面的心理元素闯入意识层面，因为我们的意识可能处理不了这些负面的元素。

我们不光会投射负面的元素，也会投射正面的。不过在影响领域中，使用投射技术往往都是对负面的指责。也就是说，一个人明明自己身上有某些缺点，却先指责别人有这些缺点，以此来提高自己的声誉。在模糊复杂的环境中，究竟谁是"好人"，谁是"坏人"，很难一眼看穿。这时候，投射技术就会非常好用。目前，投射技术的作用机制还不甚明了，我们先介绍一些可能的影响因素。

很不幸，在投射技术这一章，没有哪一个品牌愿意让我们展示他们的广告，所以本章没有样例。这也侧面说明，投射技术在伦理上真的有争议。不过，要是你一定想看一些例子，那就自己去网上搜一下吧。输入"A 和 B 的竞争广告"，把 A 和 B 换成相同领域的两个品牌名，比如汽水、快餐、运动用品、电脑等，可能就会有所发现。

从被指责者的角度来讲，有这样一个悲伤的事实：相信一则消息很容易，怀疑一则消息却需要花费一定的精力和时间（另见比喻技术）。所以，一旦你被指责，即便这个指责是无中生有，你也就此被贴上了标签。在政治竞选中，政客们常常用到投射技术。他们质疑对手的领导力、视野、诚信等各方面的缺陷，大大削弱了对方的竞争力。另外，在人与人交往的过程中有一些不言自明的规则，人们倾向于认为，敢于说出口的话都是真话。没人事先提防着别人说假话，所以我们对于假话缺乏免疫力，也常常没什么判断力。

从指责者的角度来讲，人们普遍认为，能够指出别人的问题，敢于站出来对抗不公正和不诚信的环境，就是美德，是三观正的表现。还有一点，说出来可能有点反直觉，却是真的：即便指责者自己也有相同的问题，我们的本能也不是去质疑他。试试看，"但是这些问题你也有啊！"这句话是不是不太容易说得出口？

正如前文所述，只有在分不清谁是谁非的模糊环境中，投射技术才有用。正是那种紧张感和不确定感提升了我们对指责者的评价。如果事实特别清楚，你还坚持用投射技术，就可能引火烧身。即便你真是清清白白的，在无端指责了别人之后，人们对你的评价也会降低。这可能是因为在事实清楚、证据确凿的情况下，你还无端指责，就显得你不够友善，不太顾及别人的感受。

总结评价

☞ 投射技术也是一项不太道德的技术。

☞ 如果你自己有某种问题，那么抢先指责别人身上的这个问题，就能够避免自己受到指责。

☞ 如果你指责的人在大家看来很明显是无辜的，那么你将引火烧身。

有效性
★★☆☆☆

其他因素
★★★★☆

易用性
★★★☆☆

相关概念

商业谈判（business speak）

委婉语（euphemisms）

混淆（obfuscation）

宣传（propaganda）

32
留面子技术

先提个大要求，人们就更可能答应后面的小要求

你愿意再买50本《隐性说服力》，送给你的家人和朋友吗？不愿意？好吧，这个要求确实有点过分。那么再买一本怎么样？

无论你是想说服别人购买阿尔卑斯地区的奶酪，为当地人民做慈善，还是想号召更多的人来做志愿者，陪伴少年犯逛动物园，留面子技术（door-in-the-face，简称DITF）都是非常有效的说服策略。合理地使用留面子技术，你甚至有可能在吃完饭后让陌生人替你付账！留面子技术入门容易，精通难。有一点可能令你意想不到，该技术之所以能够起效，正是因为一开始的请求被拒绝了。你需要先提出一个比较过分的请求（比如，"能不能给我100欧元？"），确保对方一定会拒绝。接着再提一个比较小的请求（"哦，好吧，那能不能给我10欧元？"）。神奇的事情发生了，相比于直接提一个小要求，大要求之后的小要求被答应的概率大大提升了。

注意，使用留面子技术必须要让对方觉得他们对大要求所说的"不"，确确实实是对你的拒绝，而之后的小要求是你因为被拒绝而做出的妥协。只有这样，人们心中最原始的互惠原则才会激活，才会觉得有必要和你一样，也在社交中做出一定的妥协。不过，如果第一个要求太夸张（"能把你的车借我开一年吗？"），对方就会毫不犹豫地拒绝。相反，如果第一个要求太小，人们就感觉不到第二个要求有什么好妥协的。如果能激发对方的内疚感，那么留面子技术的效果会进一步加强。对于

32　留面子技术

这是美国在第二次世界大战期间的宣传画，它向人们提出了一个天大的要求：入伍参战！尽管那一时期的人们大多很愿意支援国家，但让每个人都扛起枪上战场也确实有点太夸张了。所以，紧跟其后的另一项要求"购买公债"就让那些不愿参军的人们觉得，买了公债就不会对国家感到内疚了。*

* 图中文字意为："要么入伍参战，要么购买公债。第三次自由公债。"——译者注

许多人来说,拒绝别人会引发强烈的不适感,毕竟,在社交中,拒绝别人是件不太好的事。为了缓解内疚,他们会更乐意接受你妥协后的方案,来修复社交中的压力,重归内心的平静。

留面子技术非常直接,所以使用时要注意,如果你让对方感觉到太无理,太具攻击性,就会引起对方的反感甚至愤怒。如果那样,肯定是说服不了对方的,更不用说接着还提什么请求了。使用留面子技术时,要察言观色,注意环境中的各种信息,随时调整策略。比如,你提了第一个要求之后,发现情况

留面子技术在环境保护宣传当中尤为盛行,它能够激发人们对环境的负罪感。从道德层面,我们应该为地球母亲多做一些事,我们也深深地明白这一点。这则广告中的信息就能唤起人们的良知。我们没办法拯救地球,但至少能做一点简单的事,比如把塑料瓶子扔进可回收垃圾桶里。*

* 地球上半部的文字意为:"拯救地球。"下半部的文字意为:"从今天起,回收每一只塑料瓶。"——译者注

有点不妙，可以找补一句："这样啊，那真是不好意思。那我还想再问您点事，要是您觉得咱们萍水相逢，我问您这个也不太合适的话，您一定告诉我。"你需要拿捏分寸，尽可能激发对方的内疚感，让对方产生"来而不往非礼也"的社交互惠需求。

当然，很多人不喜欢用这个技术，因为它看起来并不遵循传统的社交礼仪，对于普通人来说有点出格。可是卖东西的人就不管这一套了，那些推销员、广告商，还有挨家挨户推销巧克力饼干的女童子军们，为达目标无所不能，他们太擅长这样跟人打交道了。

总结评价

- ☞ 销售者做出妥协，会让消费者感到有必要给予回报。
- ☞ 留面子技术常常用于陌生人之间，但说服者和说服对象之间的关系越密切，说服对象越感到有必要做出回报，说服效果也就越好。
- ☞ 当面使用留面子技术可以将说服效果最大化，这是因为越是当面提出要求，对方越难以拒绝。
- ☞ 把握好时间间隔非常重要。两次要求之间的间隔越短，效果越好。

有效性
★★☆☆☆

其他因素
★★★☆☆

易用性
★★☆☆☆

相关概念

漫天起价（ambit claim）

诱饵推销法（bait and switch）

交换原则（exchange principle）

逆反心理（reverse psychology）

33
阈下技术

我们真的能被一闪而过的图片影响吗？
我们是被无意识操控的机器吗？

看过《搏击俱乐部》（*Fight Club*）的观众一定都记得，布拉德·皮特（Brad Pitt）饰演的泰勒·德顿（Tyler Durden）在儿童片里剪辑进去了一帧巨大的男性生殖器图片。结果呢，剧场里的小孩都跟着剧情认真地哭，别的啥也没注意到。这个当然只是他个人的恶趣味。不过，电影电视广告中倒是常常使用这种手法，因为企业家们相信，在无意识层面给观众呈现目标产品，会让观众更多地购买他们的产品，这就是阈下广告。阈下广告通常会呈现一些飞速闪过的图片、隐晦的图形、微弱的声音（在电台广播广告中）之类的，也有可能只是使用一些单词组合，用以激发人们特定的联想。

许多人坚信，这样阈下水平的刺激可以在不知不觉间操控人们的消费行为。这样的想象迎合了我们对资本家和政府抱持的阴谋论，我们总觉得他们在努力把我们变成乖乖掏钱的小绵羊。不过，从另一角度讲，这也反映了我们渴望拥有自主权，渴望成为理性消费者的诉求。跟意识层面的影响相比，我们更反感别人试图在无意识层面操控我们。可现实其实是很讽刺的，因为研究早已表明，在意识层面加工的广告对行为的影响比无意识广告的影响强10倍。

那么，关于阈下技术很有用的这个集体想象究竟是怎么来的呢？曾经有一个流传甚广的实验，研究者在电影里插入一帧一闪而过的可口可乐商标，观众对此并不知情，结果却

33 阈下技术

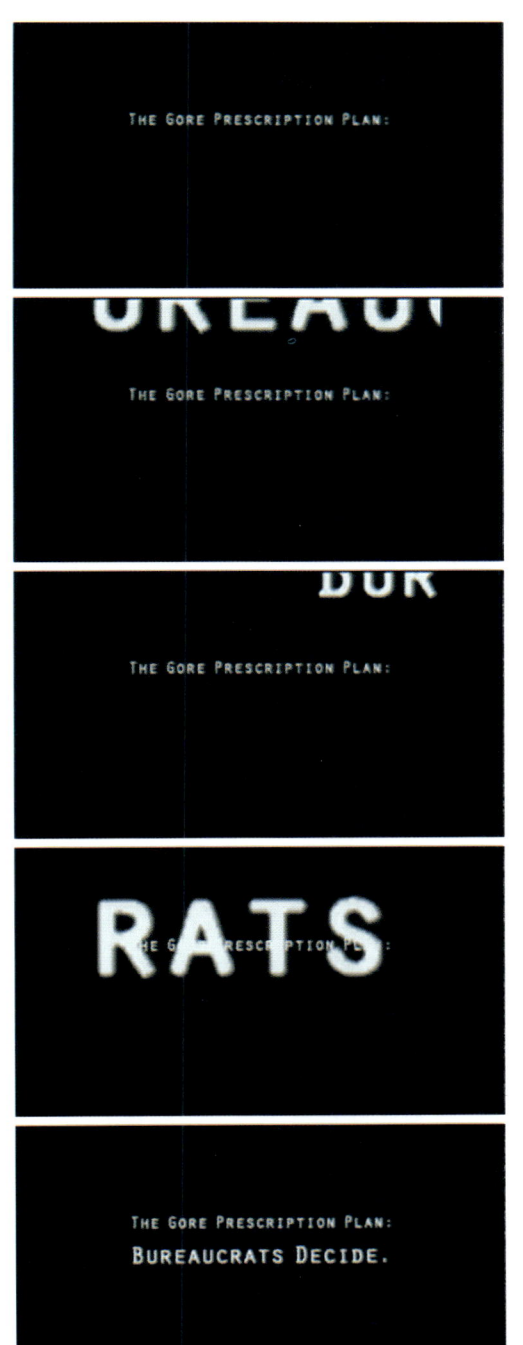

这是一则争议巨大的广告,在美国总统竞选期间,共和党在电视上投放广告用来攻击戈尔(Gore)的处方药计划。在亮出宣传语"官僚的决定(Bureaucrats decide)"之前,屏幕上飞快闪过了"鼠辈(RATS)"一词,并且"RATS"这几个字母正是"Bureaucrats"的最后几个字母。*

* 几张截屏,前四屏中间的文字都是:"戈尔的处方药计划:"。在第四屏中间短暂闪烁了巨大的"鼠辈"一词。之后的第五屏,宣传语全部呈现完毕:"戈尔的处方药计划:官僚的决定。"——译者注

159

发现人们在看了这个电影以后，购买可口可乐的行为增加了。大家就是从这个实验开始，相信阈下广告是有用的。然而，这其实是个彻头彻尾的骗局。这个实验是由 James Vicary 报告的，他被誉为"阈下广告之父"。可很久很久以后，他承认，这个实验的结果是编造的。但是，这个实验给人们的印象太深刻了，以至成为了一种难以撼动的集体想象。这大概也就是广告商还在坚持使用阈下技术的原因之一，他们宁愿相信阈下广告总还是能起点作用的吧？

在许多研究中确实发现，单词和面孔的阈下呈现能够影响人的情绪，阈下刺激还能帮助人们在无意识层面记住几何图形的位置。但这些都是纯粹的实验室研究，并不能就此推断阈下刺激可以在真实世界中影响消费者的行为。20世纪90年代初期，有人做了大量文献回顾（回顾了200多项研究），结果发现，阈下刺激对消费者进行产品选择或产品评价并没有什么影响。正如前文已经提过的，所有的证据都表明，有意广告对消费者的影响比阈下广告大多了。不过，最近的一些研究又重新引起了关于阈下广告效力的争论。研究者短暂呈现了某种汽水图片之后发现，在给定的两种汽水中，人们确实更喜欢选择在阈下呈现过的那一种，但是这种偏好只有在人们很渴的时候才会出现。对这些新发现还需要在更广泛的维度上进行重复研究，比如，如果给出的选择更多会怎么样？如果不是在实验室里，而是在真实的世界中又会怎么样？

应用阈下技术做广告还有一个问题，那就是对阈下刺激敏感程度的个体差异太大了。同样是一个视觉刺激，有的人就能够在意识层面识别和加工，有的人只能在无意识层面探测到，还有的人完全看不见，一滑而逝，雁过无声。这意味着，要用阈下技术设计一个广告实在是太难了。

33 阈下技术

这就是 Vicary 编的那个著名的电影"实验"所用到的文字材料。根据报告，观众完全没有意识到这些文字的出现，但电影院的爆米花多卖了 60%。*

* 文字意为："饿了吗？吃点爆米花"——译者注

总而言之，尚无任何可靠的证据证明阈下广告的有效性，而且一旦你的阈下广告被人发现了，反而会引发对方强烈的反感。因此，在广告中插入阈下图片或阈下单词，可谓广告界中听起来最酷炫，却最没什么实际效果的技术了。

总结评价

- 阈下广告在真正投入市场之前就已经被禁止了。
- 目前，一些课题组还在就阈下效应的边界条件做进一步的研究。

有效性
★★★★★

其他因素
★★★★★

易用性
★★★★★

相关概念

人声倒放（backmasking）

启动（priming）

阈上刺激（supraliminal stimuli）

161

科学可以评估广告,却不能创造广告。

约翰·沃纳梅克(John Wanamaker),市场营销先驱

Marc Andrews
理学硕士，文学硕士

Matthijs van Leeuwen
博士

1978 年出生于德国克莱沃（Kleve），心理学者、布景师、设计师。他先后获得行为科学方向的硕士学位和图像编辑设计方向的硕士学位。在攻读设计方向硕士期间，他致力于将修辞学、符号学、心理学同视觉设计融合起来。自 2008 年起，他成为 Andrews: degen（Andrewsdegen.com）视觉交互公司合伙人，公司位于阿姆斯特丹，从事广告、商标设计、编辑设计、数字工程等项目。公司客户遍及商界、政界、社会文化等领域。另外，他还教授设计心理学、荷兰设计理论等课程，并在国内外多家学术机构进行演讲和开办工作坊。

1980 年出生于挪威萨尔普斯堡（Sarpsborg），现为奈梅亨大学（Radboud University of Nijmegen）助理教授，从事社会影响与说服领域的研究。他的研究方向有二：一是如何利用高卷入的说服技术造成长期改变以及降低行为阻抗；二是利用多种内隐测量工具来探索无意识联结对未来行为的影响。作为教师，他一边教学，一边指导研究生将科学有效的影响力技术应用到实践当中。另外，他还是 db-abs.com 的科学顾问，并常为商业和政府部门开展关于行为阻抗的讲座。

Rick van Baaren
教授，博士

1975年出生于荷兰阿纳姆（Arnhem），现为奈梅亨大学教授，从事行为改变领域研究。他是db-abs公司的所有人。db-abs是一家研究和咨询公司，帮助客户对他们的客户、居民、消费者进行行为影响。他是当今社会影响研究领域的领军人物之一，尤其在仿生、模仿、社会认同等方面取得了突出成果。他曾在各国开展400余场讲座和工作坊，内容涉及影响和行为改变领域的多种话题。

参考文献

01
承认拒绝技术
Carpenter (2013). A meta-analysis of the effectiveness of the "But You Are Free"compliance-gaining technique.
Knowles & Linn (2004). Resistance and persuasion.

02
流畅技术
Alter & Oppenheimer (2006). Predicting shortterm stock fluctuations by using processing fluency.
King & Janiszewski (2011). The sources and consequences of the fluent processing of numbers.
Oppenheimer (2006). Consequences of erudite vernacular utilized irrespective of necessity: Problems with using long words needlessly.
Petrova & Cialdini (2005). Fluency of consumption imagery and the backfire effects of imagery appeals.
Reber, Winkielman, & Schwarz (1998). Effects of perceptual fluency on affective judgments.
Song & Schwarz (2008). Fluency and the detection of misleading questions: Low processing fluency attenuates the moses illusion.
Song & Schwarz (2009). If it's difficult to pronounce, it must be risky.

03
登门槛技术
Burger (1999). The foot-in-the-door compliance procedure: a multiple-process analysis and review.
Freedman & Fraser (1966). Compliance without pressure: The foot-in-the-door technique.
Pascual & Guéguen (2005). Foot-in-the-door and door-in-the-face: A comparative meta-analytic study.

04
应许之地技术
Bromberg-Martin, Matsumoto, & Hikosaka (2010). Dopamine in motiva-tional control: Rewarding, aversive, and alerting.
Crisp (1987). Persuasive advertising, autonomy, and the creation of desire.

05
自我说服技术
Aronson (1999). The power of self-persuasion.
Bem (1965). An experimental analysis of self-persuasion.
Müller, van Baaren, Ritter, Woud, Bergmann, Harakeh, Engels, & Dijksterhuis (2009). Tell me why... The influence of self-involvement on short term smoking behaviour.

06
角色转换技术
Pratkanis (2000). Altercasting as an influence tactic. In Terry & Hogg (Eds.), attitudes, behaviour and social context: The role of norms and group membership.
Turner, Banas, Rains, Jang, Moore, & Morrison (2010). The effects of altercasting and counterattitudinal behaviour on compliance: A lost letter technique investigation.
Weinstein & Deutschberger (1963). Some dimensions of altercasting.

07
社会认同技术
Cialdini (2001). Harnessing the science of persuasion.

Baron, Vandello, & Brunsman (1996). The forgotten variable in conformity research: Impact of task importance on social influence.

Platow, Haslam, Both, Chew, Cuddon, Goharpey, Maurer, Rosini, Tsekouras, & Grace (2005).
It's not funny if they're laughing: Self-categorization, social influence, and responses to canned laughter.

08
担保技术
Knowles & Linn (2004). Approach-avoidance model of persuasion: Alpha and omega strategies for change.

09
吸引力技术
Rhodes (2006). The evolutionary psychology of facial beauty.
Strick, Holland, & van Knippenberg (2008). Seductive eyes: Attractiveness and direct gaze increase desire for associated objects.
Van Leeuwen & Macrae (2004). Is beautiful always good? Implicit benefits of facial attractiveness.

10
幽默技术
Eisend (2009). A meta-analysis of humor in advertising.
Strick, Holland, van Baaren, & van Knippenberg (2012). Those who laugh are defenseless: how humor breaks resistance to influence.
Strick, Holland, van Baaren, & van Knippenberg (2010). The puzzle of joking: Disentangling cognitive and affective components of humorous distraction.

11
稀缺技术
Cialdini (2001). Influence: Science and practice.
Eisend (2008). Explaining the impact of appeals in advertising - The mediating role perceptions of susceptibility.
Sandberg & Conner (2008). Anticipated as an additional predictor in the theory planned behaviour: A meta-analysis.

12
瞬时吸引技术
Burger, Messian, Patel, del Prado, & Anderson (2004). What a coincidence! The effects of
incidental similarity on compliance.
Burger, Soroka, Gonzago, Murphy, & Somervell (2001). The effect of fleeting attraction on compliance to requests.

13
诱饵技术
Heath & Chatterjee (1995). Asymmetric decoy effects on lower-quality versus higher-quality brands: Meta-analytic and experimental evidence.
Huber, Payne, & Puto (1982). Adding asymmetrically dominated alternatives: Violations of regularity and the similarity hypothesis.
Pettibone & Wedell (2007). Testing alternative explanations of phantom decoy effects.

14
"这不是全部"技术
Brennan & Bahn (1991). Door-in-the-face, that's-not-all, and legitimizing a paltry contribution: reciprocity, contrast effect and social judgment theory explanations.
Burger (1986). Increasing compliance by improving the deal: The that's not-all technique.
Burger, Reed, DeCesare, Rauner, & Rozolis (1999). The effects of initial request size on compliance: More about the that's-not-all technique.

15
纯粹接触技术
Brooks & Highhouse (2006). Familiarity breeds ambivalence.
Grimes & Kitchen (2007). Researching mere exposure effects to advertising: Theoretical foundations and methodological implications.
Reber, Winkielman, & Schwarz (1998). Effects of perceptual fluency on affective judgments.
Zajonc (1968). Attitudinal effects of mere exposure.

16
锚定技术
Jacowitz & Kahneman (1995). Measures of anchoring in estimation tasks.
Strack & Mussweiler (1997). Explaining the enigmatic anchoring effect: Mechanisms of selective accessibility.
Tversky & Kahneman (1974). Judgment under uncertainty: Heuristics and biases.

17
草根营销技术
Foresman (2010). PR firm settles with FTC over alleged app store astroturfing.
Lee (2010). The roots of astroturfing.
Streitfeld (2012). The best book reviews money can buy.

18
拟人技术
Aggarwal & McGill (2012). When brands seem human, do humans act Like brands? Automatic behavioural priming effects of brand anthropomorphism.
Epley, Waytz, & Cacioppo (2007). On seeing human: A three-factor theory of anthropomorphism.

19
信赖技术
Rule, Krendl, Ivcevic, & Ambady (2013). Accuracy and consensus in judgments of trustworthiness from faces: Behavioural and neural correlates.
Todorov, Baron, & Oosterhof (2008). Evaluating face trustworthiness: a model based approach.
Todorov, Said, Engell, & Oosterhof (2008). Understanding evaluation of faces on social dimensions.

20
破坏与重构技术
Davis & Knowles (1999). A disrupt-then-reframe technique of social influence.
Fennis, Das, & Pruyn (2004). "If you can't dazzle them with brilliance, baffle them with nonsense": Extending the impact of the disruptthen- reframe technique of social influence.
Santos, Leve, & Pratkanis (1994). Hey buddy, can you spare seventeen cents? Mindful persuasion and the pique technique.

21
比喻技术
Ang & Lim (2006). The influence of metaphors and product type on brand personality perceptions and attitudes.
Ottati, Rhoads, & Graesser (1999). The effect of metaphor on processing style in a persuasion task: A motivational resonance model.
Thibodeau & Boroditsky (2011). Metaphors we think with: The role of metaphor in reasoning.

22
执行意向技术
Bélanger-Gravel, Godin, & Amireault (2013). A meta-analytic review of the effect of implementation intentions on physical activity.
Gollwitzer (1999). Implementation intentions: Strong effects of simple plans.
Van Koningsbruggen, Stroebe, Papies, & Aarts (2011). Implementation intentions

as goal primes: Boosting self-control in tempting environments.

23
互惠技术
Cialdini (2001). Influence: Science and practice.
Cialdini, Vincent, Lewis, Catalan, Wheeler, & Darby (1975). Reciprocal concessions procedure for inducing compliance: The door-in-the-face technique.
Regan (1971). Effects of a favor and liking on compliance.

24
妙词技术
Burke (1945). A grammar of motives.

25
涉性技术
Reichert (2002). Sex in advertising research: A review of content, effects, and functions of sexual information in consumer advertising.
Reichert & Carpenter (2004). An update on sex in magazine advertising: 1983 to 2003.
Severn, Belch, & Belch (1990). The effects of sexual and non-sexual advertising appeals and information level on cognitive processing and communication effectiveness.

26
权威技术
Blass (1999). The Milgram paradigm after 35 years: Some things we now know about obedience to authority.
Burger (2009). Replicating Milgram: Would people still obey today?
Milgram (1974). Obedience to authority: An experimental view.

27
损益技术
Lee & Aaker (2004). Bringing the frame into focus: The influence of regulatory fit on processing fluency and persuasion.
Rothman, Martino, Bedell, Detweiler, & Salovey (1999). The systematic influence of gain- and loss-framed messages on interest in and use of different types of health behaviour.
Tversky & Kahneman (1985). The framing of decisions and the psychology of choice.

28
近因和首因技术
Crano (1977). Primacy versus recency in retention of information and opinion change.
Haugtvedt & Wegener (1994). Message order effects in persuasion: An attitude strength perspective.
Pieters & Bijmolt (1997). Consumer memory for television advertising: A field study of duration, serial position, and competition effects.

29
恐惧诉求技术
De Hoog, Stroebe, & de Wit (2005). The impact of fear appeals on processing and acceptance of action recommendations.
Tanner, Hunt, & Eppright (1991). The protection motivation model: A normative model of fear appeals.
Witte & Allen (2000). A meta-analysis of fear appeals: Implications for effective public health campaigns.

30
曲笔技术
Herman (1992). Beyond hypocrisy: Decoding the news in an age of propaganda: Including a doublespeak dictionary for the 1990s.
Lutz (1989). Doublespeak: From 'revenue enhancement' to 'terminal living': How government, business, advertisers, and others use language to deceive you.
Orwell (1949). 1984.

31
投射技术
Rucker & Pratkanis (2001). Projection as an interpersonal influence tactic: The effects of the pot calling the kettle black.
Rucker & Petty (2003). Effects of accusations on the accuser: The moderating role of accuser culpability.

32
留面子技术
Cialdini, Vincent, Lewis, Catalan, Wheeler, & Darby (1975). Reciprocal concessions procedure for inducing compliance: The door-in-the-face technique.
Millar (2002). The effectiveness of the door-in-the-face compliance strategy on friends and strangers.
Pascual & Guéguen (2005). Foot-in-the-door and door-in-the-face: A comparative meta-analytic study.

33
阈下技术
Pratkanis (1992). The cargo-cult science of subliminal persuasion.
Trappey (1996). A meta-analysis of consumer choice and subliminal advertising.
Verwijmeren, Karremans, Stroebe, & Wigboldus (2011). The workings and limits of subliminal advertising: The role of habits.

图片来源

01
承认拒绝技术
Hans Brinker Budget Hotel. Now even more noise! Graphic Design: Anthony Burrill,
concept: KesselsKramer Amsterdam.

02
流畅技术
Jazz Guimaraes. Atelier Martino & Jaña and collaborators.
Highways Agency. Image provided courtesy of the Highways Agency.
Odis. Ogilvy & Mather, Chile. Art director: Jaime Bustamante, 3D: La Mano Studio, account director: Eric Krohn Bunting, general creative director: Cesar Agost Carreño.

03
登门槛技术
Photo. Violetkaipa, shutterstock.com.
Board. Kaspri, shutterstock.com.

04
应许之地技术
Liberation! Happy women's day, guys. Lowe JHB, in-house image.
New Axe Anarchy for him and for her. BBH creative director: David Kolbusz, Dominic Goldman, BBH creative team: Daniel Schaefer & Szymon Rose, photographer: Jean-Yves LeMoigne, retouching: Gary Meade.

05
自我说服技术
Tips from former smokers. Centers for disease control and prevention, July 2013. Tips From Former Smokers campaign. Use of this image in this publication does not imply an endorsement by HHS and/or CDC of any particular organization, service or product. Any views expressed in the publication do not necessarily reflect the views of HHS and/or CDC.
HEART AND STROKE FOUNDATION OF CANADA.
Make health last campaign (print, display creative). Launched market: February 2013.

06
角色转换技术
IG. Agência: Lew'Lara\TBWA, client: iG, product: Delas, account managers: Marcio Oliveira, Ricardo Forli, Guilherme Bernardes e Pedro Paulo Mesquita, media: Luiz Ritton, Fabio Walker e Débora Veloso, planning: Daniel de Tomazo e Tatiana Tsukamoto, creative director: Jaques Lewkowicz, André Laurentino, Manir Fadel e Luciano Lincoln, creative: Bruno Cardoso e David Bessler, art buyer: Giuliano Springhetti e Daniela Picchiai, fotógrafo: Ale Catan, image treatment: Platinum, graffic production: Marcos Pedra, client: Alexander Rocco, Suzana Chibante e Bárbara Stanichi.
Lait d'homme. Agency: Chi & Partners. Client: Wing-co.
Now it's time for a Bavaria. Illustrations: Gina d'Achille, concept: KesselsKramer Amsterdam.

07
社会认同技术
Elvis. Photo of record sleeve, issued by the recording label RCA Victor.
Luckies. Image from the collection of Stanford University (tobacco.stanford.edu).
Thumbs up. Facebook.

08
担保技术
Crime Stoppers. Target Marketing & Communications Inc..
Pattex – Everlasting. DDB Tribal Düsseldorf GmbH.
STIHL. Publicis Conseil.

09
吸引力技术
Cover Photo. Ralf Mitsch.
Face of Tomorrow. Sydney Supercomposite, Mike Mike, 2003.

10
幽默技术
Free your dog. Advertising Agency: Prolam Y&R, Santiago, Chile. Creative director: Alvaro Becker, art directors: Andres Echeverria, Christian Costa, copywriter: Tomas Cisternas, photographer: Patricio Pescetto, illustrator: Ricardo Salamanca, account manager: Pancho Cardemil.
Splashdown Waterpark. Client: Splashdown Waterpark, Tom Oliver, creative director: Ian Grais and Chris Staples, art director: Nicolas Quintal, writer: Max May, print producer: Scott Russell, photographer: Mark Whitehead, studio artist: Jonathon Cesar, account manager: Marjolaine Durand.

11
稀缺技术
Illustration. By andrews:degen.
Limited edition. Advertising agency: Ageisobar, São Paulo, Brazil.

12
瞬时吸引技术
Coca Cola bottles. Photo Ralf Mitsch.
Diesel. 'Be stupid' campaign.

13
诱饵技术
Illustration paper coffee cup.

Kraska, Shutterstock.com.

14
"这不是全部"技术
Digital photo magazine. Photo by andrews:degen.
Images knifes. Africa Studio and Aas, shutterstock.com.

15
纯粹接触技术
Neon brand signs in the streets of Amsterdam.
Photos by andrews:degen.

16
锚定技术
Cordaid – People in Need. Saatchi & Saatchi / Leo Burnett.
Oral Health. The Partnership for Healthy Mouths, Healthy Lives and the Ad Council.

17
草根营销技术
Illustration. Based on examples found on internet.

18
拟人技术
Biopark. JANDL, marketing a reklama, Bratislava, Slovakia. Creative director: Pavel Fuksa, art director: Matúš Nemčík, copywriter: Adam Rovny, Illustrator: Noper, account manager: Martin Janík
Heineken logo. Trademark of Heineken.
Refisal. Creative director: Mauricio Cantillo, creative copy: Julian Mendoza, art director: Juan David Ospina, illustrator: Juan David Ospina, agency: Perez y Villa (Medellin, Colombia).
Vigorplant. Armando Testa S.p.A..
WWF. WWF Denmark Campaign by UncleGrey.
Photo Polar bear: thelearnr@flickr, photo chimpansee: Shutterstock.

19
信赖技术
Truthworthiness face simulations.
Alexander Todorov, Social Cognition and Social Neuroscience Lab, Princeton University, Princeton, NJ, USA. Image credits

20
破坏与重构技术
Lung Cancer Alliance Work. Laughlin Constable, Chicago, USA.
Moms Demand Action. Grey Toronto. Chief creative officer: Patrick Scissons, art director: Yusong Zhang, producer: Vikki Kuzmich, account supervisor: Laura Rovinescu, production company: Sugino Studio, producer: Sarah Gheriani, producer: Taeko Yamanouchi, retoucher: Miho Matsuoka, photographer: Eden Robbins
Swiss Life. Leo Burnett Switzerland.

21
比喻技术
Bye Helmets. Photographer: Fulvio Bonavia, agency: 1861 United S.r.l..
Sekai. Agency: 9mm Propaganda LTDA., photography: Alexandre Crespo, shutterstock.com.
Where does your rubbish go? Photographer: Andreas Smetana, client: Keep Australia beautiful, agency: Clemenger BBDO Sydney.

22
执行意向技术
Allforbear.com. WWF Russia: Anastasia Lykina, Maria Vinokurova, Alexander Evgrafov, Victor Nikiforov. BBDO Russia Group: Creative director: Nikolay Megvelidze, copywriter: Evgeniy Shinyaev, art director: Mikhail Tkachenko, account team: Ekaterina Guvakova, Vladlena Obukhova, Viktoria Semikasheva, Ekaterina Chistova, Urnova Maria.
Food Safety. The U.S. department of agriculture, the centers for disease control and prevention, the U.S. food and drug administration and the Ad Council.
How to destroy Canada's ancient boreal forest in three steps. Greenpeace.
Switch off, unplug. Campaign for the city of Durban, eThekwini municipality, South Africa.

23
互惠技术
Hari Krishna. Ken Wolter, shutterstock.com.

24
妙词技术
Jack Daniel's. The Jack Daniel's advertisement appears courtesy of Jack Daniel's Properties, Inc..
Jack Daniel's is a registered trademark of Jack Daniel's Properties, Inc.. Artwork created by Helms Workshop.

25
涉性技术
Old Khaki. Agency: Foxp2 Advertising, creative directors: Justin Gromes & Andrew Whitehouse.
Razor for young men. Agency: BEI Confluence, New Delhi, India. Advertiser: Glide, brand: Glide Razor, art director: Sonu Chandra, copywriter: Manish Ranjan, photography: Nitesh Chakravarti, client servicing: Vineet Singh, media: Print (poster), industry: Health & beauty, language: English, headline and copy text: Most young women prefer clean shaven men.

26
权威技术
Sun. Agency: Alfred ,creatives: Aad Kuijper & Patrick de Zeeuw.
Kent. Image from the collection of Stanford University (tobacco.stanford.edu).
More Doctors smoke Camels. Image

from the collection of Stanford University (tobacco. stanford.edu).
TAG Heuer. Client: Tag Heuer. Leonardo DiCaprio is since 2009 the ambassador of the Switch luxury watchmaker TAG Heuer. Together they support the environmental organizations Green Cross International and NRDC.

27
损益技术
Adesf. Campaign created by NEOGAMA/BBH for Adesf.
Stivoro. Client: Stivoro, creative director: Tom Ormes, copywriter: Tom Ormes, Axel van Weel, art director: Glenn Doherty, retouching company: Magic Group.
Stop smoking, start repairing. Commonwealth of Australia acting through the Australian national preventive health agency.

28
近因和首因技术
Illustration. By andrews:degen.

29
恐惧诉求技术
Dettol. Produced for Reckitt Benckiser by Havas Worldwide (2008).
Don't talk while he drives. DDB Mudra Bangaluru.

30
曲笔技术
Newport. Salem. Lucky Strike. All images from the collection of Stanford University (tobacco. stanford.edu).

31
投射技术

32
留面子技术
Fight or buy bonds. Image courtesy of Documenting the American South, The University of North Carolina at Chapel Hill Libraries.
Illustration. By andrews:degen.

33
阈下技术
Bush campaign video. Screenshots taken from 'You Tube' (search for: Bush campaign 'rats' subliminal message).
Image credits

推荐阅读

这里推荐了与说服、心理学、广告、传播、设计以及符号和修辞学等有关的其他图书。

Barthes (1972). Mythologies.
Berger (1972). Ways of seeing.
Cairo (2013). The functional art: An introduction to information graphics and visualization.
Carnegie (1998). How to win friends & influence people.
Cialdini (2008). Influence: Science and practice.
De Bono (1999). Six thinking hats.
Fennis & Strobe (2010). The psychology of advertising.
Gass & Seiter (2013). Persuasion: Social influence and compliance gaining.
Hall (2012). This means this, this means that.
Hill & Helmers (2004). Defining visual rhetorics.
Johnson (2012). Problem? Solved!
Joost & Scheuermann (2008). Design als Rhetorik.
Klaus Sachs-Hombach (HRSG.) (2005). Bildwissenschaft: Zwischen Reflexion und Anwendung.
Kress & Leeuwen (2006). Reading images: The grammar of visual design.
Leborg (2006). Visual grammar.
Lidwell, Holden, & Butler (2003). Universal principles of design.
Lieberman (2011). Get anyone to do anything: Never feel powerless again - with psychological secrets to control and influence every situation.
McLuhan (1967). The medium is the massage.
Norman (2002). The Design of everyday things.
Messaris (1997). Visual persuasion: The role of images in advertising.
O'Shaughnessy (2003). Persuasion In advertising.
Packard (1957). The hidden persuaders.
Perloff (2010). The Dynamics of Persuasion: Communication and attitudes in the 21st Century.
Pratkanis (2007). The science of social influence: Advances and future progress.
Pratkanis & Aronson (2001). Age of propaganda: The everyday use and abuse of persuasion.
Reichert & Lambiase (2002). Sex in Advertising - Perspectives on the erotic appeal.
Rose (2007). Visual methodologies: An introduction to the interpretation of visual materials.
Underhill (2008). Why we buy: The science of shopping.
Weinschenk (2011). 100 things every designer needs to know about people.
Williamson (1978). Decoding advertisements: Ideology and meaning in advertising.

特别感谢：
Dagan Cohen
Christian Degen
Christiaan van Dokkum
Claudio Garcia
William Griffioen
Kinkerstraat
Ralf Mitsch
Robert Nakata
Bernice Plant
Olivia Reschofsky
Iskander Smit
Ghris Vermaas
Rudolf van Wezel

以及所有为我们提供帮助的企业、品牌、组织机构，
万分感谢他们允许我们使用那些精美的广告图片。
还有，感谢我们的家人、朋友和我们所爱的每一个人。